U0658180

军事训练伤预防与康复

徐 波 陈 龙 主编

西北工业大学出版社

西 安

【内容简介】 本书共 11 章，从基本理论知识、身体功能评估、常见损伤评估、热身活动、素质提升、恢复放松、急救治疗、损伤处理、康复训练、防治教育等方面对军事训练伤的预防与康复进行系统介绍。本书内容既包含通俗易懂的理论知识，也有具体可操作的实践操作技能，涵盖了军事训练前、中、后各阶段的注意事项和组织内容，具有很强的科学性、实用性、可读性，能够有效指导部队官兵科学施训、科学组训，有效降低军事训练伤的发生率，提高官兵的训练水平，提升部队整体战斗力。

本书可供军事及体育训练相关人员参考使用。

图书在版编目（CIP）数据

军事训练伤预防与康复 / 徐波，陈龙主编. -- 西安：西北工业大学出版社，2024. 8. -- ISBN 978-7-5612-9481-9

Ⅰ. R873

中国国家版本馆CIP数据核字第20247W3D18号

JUNSHI XUNLIANSHANG YUFANG YU KANGFU

军 事 训 练 伤 预 防 与 康 复

徐 波 陈 龙 主编

责任编辑：陈 瑶		**策划编辑**：杨 军	
责任校对：李文乾		**装帧设计**：高永斌 董晓伟	
出版发行：西北工业大学出版社			
通信地址：西安市友谊西路 127 号		邮编：710072	
电 话：（029）88491757，88493844			
网 址：www.nwpup.com			
印 刷 者：西安五星印刷有限公司			
开 本：720 mm×1 020 mm		1/16	
印 张：9.625			
字 数：162 千字			
版 次：2024 年 8 月第 1 版		2024 年 8 月第 1 次印刷	
书 号：ISBN 978-7-5612-9481-9			
定 价：39.00 元			

如有印装问题请与出版社联系调换

《军事训练伤预防与康复》
编写组

主　编　徐　波　陈　龙

副主编　黄　剑　丁永鹏

编　者　徐　波　陈　龙　黄　剑

　　　　丁永鹏　姜　姗　张　文

　　　　巨　浪　刘雷宽　潘恒山

　　　　蒋泽伟　贺延东

前　言

2020年11月25日，习近平总书记在出席中央军委军事训练会议时强调，军事训练是部队经常性中心工作，是生成和提高战斗力的基本途径，是最直接的军事斗争准备，对于确保部队能打仗、打胜仗，对于提高部队全面建设水平具有十分重要的意义。然而，军事训练的经常性、实战性和长期性，使得军事训练伤成为阻碍训练的一道难题，严重影响了战斗力的提高，为军事斗争的准备增加了更多不可控因素，对部队建设发展和官兵个人健康都有较大影响。如何刻苦训练、科学训练、安全训练成为本书的重要内容。

在编写本书的过程中，编写组查阅了大量资料，下部队调研2次，结合部队训练需求和官兵意见，编写内容重点围绕训练伤的前、中、后各环节，旨在为官兵提供直接有效的训练参考。本书内容重点在实践操作层面，目的是为受训者提供可直接参考的实践指导。

本书由徐波、陈龙、黄剑负责书目审核、统稿和协调教学部门各项工作。具体编写分工如下：徐波、丁永鹏完成第一至第三章内容，陈龙、张文完成第四章内容，黄剑、蒋泽伟完成第五章内容，贺延东完成第六章内容，巨浪和刘雷宽完成第七章内容，姜姗完成第八章内容，潘恒山完成第九章内容。

朱智鑫、骆仁波、刘绵雨、宋世坤、吴宇航等人积极配合整理资料、拍摄照片，为本书的编写做了大量工作，在此向其表示感谢。

在编写本书的过程中参考了相关文献、资料，在此向其作者深表谢意。

由于水平有限，书中难免存在不足之处，恳请广大读者批评指正。

编　者

2023年8月

目　　录

第一章

军事训练伤概述

第一节　军事训练伤的概念

　　军事训练即进行军事理论教育和作战技能训练的军事活动，是增强军事体能的必修课，是增强军人体质和意志、培养战斗作风、提高战斗力的主要途径，是和平时期部队的中心任务。在军事训练的过程中，军事训练伤在一定程度上影响了军事训练的整体效果。

　　2001年中国人民解放军总后勤部卫生部颁布的《军事训练伤诊断标准及防治原则》指出："军事训练伤是由于军事训练直接导致参训人员的组织器官功能障碍或病理改变。"由于肌肉骨骼损伤占军事训练伤的绝大多数，国外常将军事训练性肌肉骨骼损伤代指军事训练伤。

　　军事训练伤与一般的工伤或日常生活中的损伤有所不同，它的发生与训练项目、训练安排、训练环境、训练者的自身条件及技术动作有密切的关系。因此，在军事训练过程中，应对军事训练伤的预防与康复有充分的认识，对军事训练伤发生的原因、特点、规律、处理、康复等进行研究分析，切实做好有针对性的预防和康复工作，最大限度地减少或避免训练伤发生，从而更好地提高军事训练质效。

第二节　军事训练伤的分类

　　军事训练伤分为软组织损伤、骨与关节损伤、器官损伤、特殊环境（因素）损伤四大类。其中，软组织损伤包括擦伤、挫伤、撕裂伤、急性腰扭伤、腰肌劳损、腰椎间盘突出症、腱炎和腱鞘炎、肌纤维组织炎、滑囊炎、创伤性滑膜炎等；骨与关节损伤包括急性骨折、应力性骨折、关节扭伤、关节脱位等；器官损伤包括颅脑、耳鼻喉、眼部、口腔、胸部器官、腹部器官、泌尿生殖器官等的损伤。

除此之外，根据不同的分类标准还可以将其分为不同的类型。

（一）按损伤的组织结构分类

根据组织结构，可以将军事训练伤分为皮肤损伤、肌肉与肌腱损伤、关节损伤、滑囊损伤、骨损伤、骨骺损伤、神经损伤和内脏器官损伤等。

（二）按伤后皮肤或黏膜完整性分类

（1）开放性损伤：伤处皮肤或者黏膜的完整性遭到破坏，有伤口与外界相通，如擦伤、刺伤、皮肤撕裂伤及开放性骨折等。

1）擦伤。擦伤是皮肤表面被粗糙物擦破的损伤，最常见的是手掌、肘部、膝盖、小腿等部位的皮肤擦伤。

2）刺伤。刺伤是被有尖端的硬物刺透皮肤引起疼痛和出血的损伤。在训练中，易被带刺的植物或尖锐的树枝、刀尖、铁钉等刺透皮肤，造成疼痛流血。

3）皮肤撕裂伤。皮肤撕裂伤是指由钝物冲击或者碰撞所引起的表皮或软组织的损伤，伤口的边缘不整齐，多发于身体与硬性物的碰撞中。在眉弓、下颌部、头皮、面部等易见。

4）开放性骨折。开放性骨折指骨折时，合并有覆盖骨折部位的皮肤及皮下软组织损伤破裂，使骨折断端和外界相通。

（2）闭合性损伤：伤处皮肤与黏膜仍保持完整，无伤口与外界相通，如挫伤、肌肉拉伤、关节扭伤、腱鞘炎与闭合性骨折等。

（三）按损伤程度分类

（1）轻度伤：损伤不影响组织器官功能，处置后可正常参加训练。确认轻度伤者，在应急处理后允许按计划继续参加训练。

（2）中度伤：损伤一定程度影响组织器官功能，治疗后可参加部分训练。

（3）重度伤：损伤严重影响组织器官功能，治疗后不能参加训练。确认重度伤者，受伤后不能按计划进行运动，短时间（2周内）暂停或减少患部专项训练，积极治疗。

（4）危重度伤：通常情况下会危及生命。

（四）按损伤病程分类

（1）急性损伤：一瞬间遭受直接暴力或者间接暴力造成的损伤。该类伤发病急、病程短、症状骤起，损伤的原因明确，如肌肉拉伤、关节韧带损伤、关节扭伤等。

（2）慢性损伤：由反复细微损伤积累而成的损伤。慢性损伤包括陈旧伤和劳损伤。该类伤发病缓慢、症状渐起、病程较长。

1）陈旧伤（急性损伤处理不当）。急性损伤后因处理不当而致反复发作，或伤后治疗不及时，而转变为慢性损伤，如腰肌劳损、肩袖损伤。

2）劳损伤（长期局部负荷过大引起）。由于局部运动负荷量安排不当，长期负担过重超出了组织所能承受的能力，局部过劳致伤，如髌骨软骨软化症。

第三节　军事训练伤的风险因素

军事训练伤的发生是多种因素引起的，包括环境因素、施训者组训因素、受训者个体因素等。风险因素的复杂性和多样性，使军事训练伤发生成为常见问题。在训练过程中，根据实际情况把风险因素控制到最小范围，以此降低或避免训练损伤的发生。

一、环境因素

环境因素包括天气、训练场地、军营环境等。快速适应环境对训练效果有积极作用。新兵进入军营，有一个阶段的适应期，在此适应期开展军事训练可以很快适应军营生活，但是对于部分新兵来说，环境改变较大，适应周期长，训练中极易发生训练损伤。训练场地器材不符合安全要求，如场地不平整或沙坑过硬，器械的牢固性和稳定性不够，保护用具不到位，训练装备不符合要求等，都可能造成训练损伤。在实战化训练中，实枪实弹搞训练，难免造成训练损伤。此外，环境因素中人文环境的影响也很关键，新兵思想产生波动时，也极易发生训练损伤。

二、组训因素

组训方式是训练损伤风险因素中最直接、最重要的因素。在训练过程中，组训方式不当、准备活动不充分、训练内容讲解含糊不清、训练注意要点强调不到位、训练防护措施保障不到位、训练放松未得到重视等原因加大了训练损伤发生率。训练开始前的热身活动可使身体逐渐达到运动适应状态，如果因时间紧，应付差事，违反循序渐进的原则，一开始就大活动量热身，速度过快，用力过猛，极易造成身体损伤。在训练中，严格按照先易后难、先简后繁、先分解后连贯、精讲多练等训练方法，遵循循序渐进、适宜负荷、适时恢复等训练原则，合理安排训练内容和训练负荷，使受训者可以根据自身素质条件逐渐掌握训练内容，达到训练效果。训练后的放松活动也很重要，受训者由于时间关系，经常忽略此环节，长期如此会加剧身体疲劳，从而造成损伤。放松活动可以采取按摩、淋浴、拉伸、听音乐等方法。

三、个体因素

（一）生理因素

受训者的身体素质和身体机能直接影响训练伤的发生。实践证明，机体疲惫时，力量、精确度和协调机能均显著下降。随着生理机能的下降，警觉性和注意力减退，机体的反应迟钝，极易造成训练损伤。

（二）心理因素

受训者的心理因素与训练伤的发生也有密切关系。训练实践中我们发现，部分身体素质较差的战士从未受伤，而部分身体素质较好的战士反而容易受伤。可见，心理特征的差异在构成训练伤病"易感性"方面有着重要作用。张莉的研究指出，军事训练心理适应不良症是导致新兵军事训练伤病发生率增高的重要因素；刘业等的研究显示，个体情商与训练伤发生密切相关。引发训练损伤的常见心理因素主要有恐惧、急躁、注意力不集中、过度紧张和焦虑等。具体表现在：①期望值过高。不能客观分析训练中的各种主客观因素，过高估计个人能力，进而造成训练伤。②自信心不足。训练中信心不足，害怕受到批评、责怪和嘲笑。③动机不强。训练中注意力不集中，大脑皮质达不到应有的兴奋水平。④缺乏必要的心理指导。施训者应把握参训人员训练中的心理活动特点和规律，及时进行恰当的心理辅导。

第二章

军事训练伤的预防原则与方法

第一节　军事训练伤的预防原则

一、坚持科学施训

（1）注重科学训练。准确把握训练科目内容要求及特点、规律，切实结合参训官兵身心状况及体能特点，充分考虑训练环境、任务特点及安全要求，遵循全面性原则、循序渐进原则、区别对待原则、适宜负荷原则、适时恢复原则等，加强军事训练的计划、组织和管理，着力提高训练的科学化水平。

（2）落实循环训练。严格按照循环训练法要求，遵循训练强度"大、小、大"，训练部位"上肢、下肢、上肢"，训练场地"室外、室内、室外"的循环变化规律和方式，重视躯干稳定性及核心区力量训练，科学组织实施，每个项目循环不超过2 h，避免长时间单一动作重复训练。

（3）强调热身放松。充分重视训练前的热身准备活动和训练后的放松整理活动。热身活动按照一般性热身、动态拉伸、神经肌肉激活、专项练习等程序，由远端至近端、从小关节到大关节的顺序进行，并根据训练科目有所侧重，保证预热充分。放松运动按照一般性放松、静态拉伸、筋膜放松程序开展，并以训练涉及的主要部位为重点，以利于肌肉、关节和重要器官功能得到训练恢复。热身和放松时间各17～30 min。

二、强化医学督导

（1）做好教育疏导。结合训练计划和训练科目，开展有针对性的预防知识教育，使参训者掌握常见训练伤预防知识，增强防护意识，提高自我保护能力；适时开展针对性心理疏导，缓解训练紧张焦虑情绪，形成良好的心理状态。

（2）开展健康评估。开始训练和考核前有计划地进行有针对性的身心检查，全面评估参训群体和个体的身心素质、动作模式、体能条件和伤病情况，对体弱、伤病等人员提出医学意见，进行训练干预。

（3）采取保障措施。加强对训练场地、设施和装备器材的安全检查，确保状态完好；根据季节特点和训练强度，做好饮食保障；合理安排作息时间，保证每天至少6 h睡眠；结合训练科目和个体情况，合理使用个体训练保护装具。

三、加强技术支撑

（1）实施零期诊断。熟练掌握训练伤零期诊断技术，在训练中和训练后，通过实时伤病史采集和特异性专科检查，发现训练伤早期病例，及时进行相应处置，实现军事训练伤的早期监测、发现和干预。

（2）规范现场救治。严格落实医务人员巡诊和伴随保障制度，熟练掌握现场医疗救护技术；结合季节和训练科目，规范药品器材装备；针对5 km武装越野、5 km跑、400 m障碍等重点训练考核科目，完善现场救治流程；建立现场救治和医疗急救联动机制。

（3）开展分级康复。加强运动康复技术培训，倡导自我运动康复；增强各级康复功能，根据伤情程度实施正常训练、减荷训练、停训休养、后送治疗等针对性分级康复干预；以功能训练与手法治疗为主，以物理治疗为辅，进一步规范康复治疗流程，保证康复训练效果。

第二节　军事训练伤的预防方法

一、开展心理疏导，强化心理干预

训练损伤的预防不仅仅依靠医学因素，在很大程度上还与心理因素有关。在军事基础训练前要对所有受训者进行心理指导和医疗检查，帮助受训者增强心理调节能力，树立训练信心，克服对训练的畏惧感。有研究显示，干预后受训者观察组的骨折、关节韧带损伤、软组织挫伤等训练伤发生率均明显低于对照组。给予受训者有效的心理干预并采取综合防控措施，能使其心理健康水平显著提升，促使其及时了解军营的全新环境，面对已经出现的困难或可能遇到的困难、危险，激发出战胜的信念和勇气，不断提高训练成绩，减少训练损伤。在军事训练的整个过程中，队干部、教员要经常与受训者进行沟通，时刻关注其心理变化，在出现心理问题时及时疏导，减轻心理负担，保证专心训练、集中注意力，从而避免训练损伤。

二、分析训练内容，合理制订计划

训练前务必制订科学的符合受训者心理特点和身体状况的训练计划，让受训者身体逐渐适应训练强度和训练难度，达到稳步提升的效果。在每次训练开始前安排10～15 min的热身准备活动。训练中，合理安排训练方式、训练时长、训练内容，不能盲目增加运动负荷。还可以对训练科目进行优化组合，实现不同训练科目穿插、大小训练负荷结合，也可有意识地开展游戏活动，活跃训练气氛，调节训练压力，让受训者的紧张情绪得以放松，军事训练积极性提高。训练后安排有效的放松恢复，消除训练疲劳，防止长期的疲劳堆积。

三、遵循训练原则，科学有效施训

科学合理的训练方法不仅能提高训练效果，还能有效降低训练损伤。训练过程中，严格遵循循序渐进、先易后难、先简后繁的训练方法，认真贯彻适宜负荷、适时恢复、系统训练、区别对待等训练原则，才会达到最佳训练效果。在练习不同科目动作时，要传授正确的动作要领，针对训练科目中容易造成训练损伤的技术动作和技术环节进行深入细致的分析，讲解训练注意事项和正确的技术动作要领。自训时，要严格按照动作要求进行合理训练。在练习复杂动作和高难度动作时可以按照个人体会、慢动作练习、分解练习、完整练习的训练步骤，有条不紊地进行训练。在整个训练过程中，要注重不同阶段的训练安排，适应期、强化期和稳定期安排的训练内容和采用的训练方法要因人而异、因材施教。

四、强化安全教育，树立防护意识

加强受训者训练损伤防护安全教育，强化防护意识，了解和掌握预防知识、预防措施，从而更好地将损伤预防运用到训练过程中。一方面开设相关教育学习课程，让受训者学习预防知识、了解预防措施、掌握处理方法、懂得康复训练，在损伤预防前、中、后期可以采取有效措施，及时避免损伤的发生。另一方面加强施训者防护和急救的能力，在训练过程中全面贯彻损伤防护措施，向受训者介绍动作训练中容易发生损伤的时机、要点及如何保护，并且做好全程监督；在发生损伤时，可以第一时间做好处理，防止二次伤害，并指导康复训练。军事训练损伤安全教育重在过程，功在平时，需要形成常态化教育模式，将其作为一项重要工作，常抓常落实。

五、落实医务监督，做好医疗救治

良好的医务监督是防治损伤的重要因素，医疗救治是处理训练损伤最直接的有效措施，是降低损伤程度和防止二次损伤的最佳选择。训练期间医务人员深入训练现场，随队巡诊保障训练，发现有训练损伤前期症状者及时协调施训者，提出更改训练科目、减轻训练量、休息、理疗等措施进行干预。在训练场地或者重大考核时，设置医疗救护站、安排救护车、安排医护人员等，确保训练损伤发生后相关人员可以得到及时救治。训练损伤发生后如果救治不及时或者治疗不科学，将会引起更严重的后果。在训练中，如受训者发现身体有异常情况，要及时咨询医护人员或报告班长、干部，针对具体情况接受治疗或停止训练进行休养。

六、加强器材检查，及时维护场地

训练设备更新换代不及时、训练场地维护不到位对训练损伤的发生有极大的影响。一般情况下，由场地和设备引起的损伤多为急性损伤且损伤程度较重。这就要求施训者和受训者训练前务必做好训练场地选择、对训练场地设备进行细致检查，采取安全防护措施，分析安全因素，及时排除安全隐患，确保训练正常开展。在训练设备发生故障时，及时停止使用，快速更换或者改换其他训练科目，切忌抱有侥幸心理，从而造成严重后果。特别是在配备保护措施的训练科目（如爬绳、攀登、滑行、降落、战术等）中，务必认真做好检查，建立检查小组，实行双人检查（两人同时检查一项）和三级检查（出库检查、练前检查和入库检查），严格落实每个检查环节。在实战化训练中，场地要求尽可能贴近战场环境，这对损伤的防护提出了极大挑战，如何在实战环境中避免或降低训练损伤的发生还需要进一步的探索。

第三章

军事训练前的身体功能评估

军事训练伤的致病因素复杂，身体协调性差、肢体力量薄弱和心肺功能不强，在训练中易出现动作变形、不协调、代偿等身体功能问题，是发生训练伤的重要生理因素。因此，加强身体功能评估，进行针对性干预训练，是预防军事训练伤的重要环节。目前，常用的评估方法有功能性动作筛查（FMS）、Y平衡测试（YBT）、单腿跳跃测试、心肺功能测试（台阶测试）等。

第一节　功能性动作筛查

功能性动作筛查测试由美国矫形专家加里·库克等在20世纪90年代提出，是应用于理疗康复和体能训练领域的一种测试方法，由功能性动作训练衍生而来。FMS由7个功能性动作模式和3个伤病排除动作模式组成，旨在对身体灵活性、柔韧性、稳定性等能力进行检测。通过FMS测试结果可以了解受训者自身存在的运动功能障碍以及可能造成损伤的潜在因素，对训练中存在的不合理的技术动作进行纠正，从而有效预防军事训练带来的损伤，降低损伤发生的概率，有效提高训练效果。

一、功能性动作筛查的作用

通过FMS测试中的7个动作模式筛查，可以诊断人体主要运动环节中各个运动链的功能性动作质量，确定人体各运动环节中存在的运动性障碍或错误的动作模式，为制订身体运动功能训练计划提供依据和参考。有研究表明：FMS测试总分在14分以下的运动员比14分以上的运动员的受伤概率更大；测试中的非对称性运动员，无论其总分高低，其受伤概率要比对称性运动员高2.3倍。

FMS测试在国外职业竞技体育中的应用非常广泛。它是对传统体能测试方法的一个补充，以此作为检测运动员潜在伤病并进行伤病预防训练的依据，用于提高运动员的竞技能力并延长运动寿命。

二、功能性动作筛查的测试原理

FMS测试的得分与预防损伤的能力是相关的。运动损伤是由肌肉紧张、协调性差、存在其他薄弱环节以及忽视以上问题而采取补偿性动作所引起的，而FMS测试正是对身体灵活性、柔韧性、稳定性等能力的检测，是对传统体能测试方法的一种补充。

FMS测试是将身体置于一个特别设计的位置，以检测身体在灵活性和稳定性方面存在的缺陷和不对称，这些缺陷和不对称直接影响人体动作完成和动力传递的有效性和流畅性。有很多受训者不能很好地完成这些基本动作，他们在完成这些动作的过程中出现了一些代偿性动作，这些代偿性动作破坏了动作的有效性，导致力量传递的丧失和能量传递的损耗。在长年累月的重复中，这些代偿性动作很可能为运动损伤的出现埋下隐患。而FMS测试则提供了这样一种方法，它可以很快地发现人体的危险动作模式并且通过矫正训练将其排除。

三、功能性动作筛查方法

功能性动作筛查的测试内容分为7个动作模式：深蹲、过栏步、直线弓箭步、肩部灵活性、主动抬腿、躯干稳定性俯卧撑和体旋稳定性（见表3-1）。其中，深蹲和躯干稳定性俯卧撑是对称性动作，而过栏步、直线弓箭步、肩部灵活性、主动抬腿和体旋稳定性均为非对称性动作，需要进行左右测试，肩部灵活性、躯干稳定性俯卧撑和体旋稳定性均有伤病排除动作模式。

表3-1　功能性动作筛查表

受试者姓名：_____　　测试时间：_____
优势手：左侧_____　右侧_____　　优势腿：左侧_____　右侧_____

测试动作	得分	3分	2分	1分	0分	备注
1.深蹲	3 2 1 0	· 躯干与胫骨平行，或与地面趋于垂直 · 胫骨低于水平线 · 双膝在脚的正上方 · 木杆在脚的正上方，保持水平	· 躯干与胫骨平行，或与地面趋于垂直 · 胫骨低于水平线 · 双膝在脚的正上方 · 木杆在脚的正上方，足跟提升	· 躯干与胫骨不平行 · 胫骨不在水平线下 · 双膝不在脚的正上方 · 木杆不在脚的正上方，保持水平	测试过程中，身体任何部位出现疼痛	
2.过栏步 胫骨长___cm 抬左腿 抬右腿	3 2 1 0 3 2 1 0 3 2 1 0	· 髋、膝、踝在矢状面上呈一条直线 · 腰椎没有明显移动 · 木杆与栏架保持平行	· 髋、膝、踝在矢状面上不呈一条直线 · 腰椎有明显移动 · 木杆与栏架保持不平行	· 脚碰到栏架 · 身体失去平衡		
3.直线弓箭步 胫骨长___cm 左腿前 右腿前	3 2 1 0 3 2 1 0 3 2 1 0	· 木杆始终与头、腰椎和骶骨接触 · 躯干没有明显移动 · 木杆和双脚保持在同一矢状面 · 膝盖接触接触木板	· 不能保持木杆与头，躯干有明显移动 · 木杆和双脚没有在于同一矢状面 · 膝盖不能接触木板	· 身体失去平衡		
4.肩部灵活性 手掌长___cm 左肩上 右肩上	3 2 1 0 3 2 1 0 3 2 1 0	· 两拳间距在一个手掌长以内	· 两拳间距离为一个至一个半掌长	· 两拳间距离大于一个半掌长		
5.主动抬腿 左腿上 右腿上	3 2 1 0 3 2 1 0 3 2 1 0	· 标记点位于大腿中点与髂前上棘间	· 标记点位于大腿中点与髂关节中点间	· 标记点在膝关节以下		
6.躯干稳定性俯撑	3 2 1 0	· 在规定姿势下能良好地完成动作1次 · 男受试者的拇指与前额在一条线上 · 女受试者的拇指与锁骨在一条线上	· 在降低难度的姿势下能完成动作1次 · 男受试者的拇指与下颌在一条线上 · 女受试者的拇指与锁骨在一条线上	· 在降低难度的姿势下也出现无法完成动作或者做出代偿性动作		
7.体旋稳定性 左臂前 右臂前	3 2 1 0 3 2 1 0 3 2 1 0	· 脊柱与地面保持平行，完成1次同侧动作 · 膝和肘时接触	· 脊柱与地面保持平行，完成1次对侧动作 · 膝和肘时接触	· 不能完成对侧动作		

总分　/21

完成这7个动作时需要受试者灵活性与稳定性的平衡。通过测试，研究人员可以观测受试者的基本运动、控制、稳定等方面的表现。在进行测试时，要求受试者最大幅度地完成运动，如果受测者缺少适当的稳定性和灵活性，他的薄弱环节和不平衡就会充分表现出来。根据以往的观察，即使高水平竞技运动员也不一定能完美地完成这些简单的动作。一些人在完成这些测试时，使用了代偿性的动作模式，他们为了表现更好，使用了一种非高效的动作。如果持续使用这种代偿性动作，客观上就会强化这种错误的动作模式，最终会使动作的运动生物力学特征非常差。

（一）深蹲

1.测试目的

这一动作可以评价髋、膝和踝关节的双侧均衡性和功能灵活性。通过观察举在头顶上的木杆，可以评价肩和胸椎的双向性、对称灵活性。

蹲是很多竞技项目都需要完成的一个动作。它是一种准备姿势，受试者在进行由下肢完成的有力的上举动作时需要完成该动作。正确完成这一动作，对受试者的整个身体结构要求非常高，运动员需要良好的骨盆结构、踝关节闭合运动链背屈、膝关节和关节的弯曲、胸脊的伸展以及肩关节弯曲和外展。

2.所需器材

FMS测试仪或木杆、木板。

3.测试方法

以站立姿势开始，双脚打开与肩同宽，双手头上握杆，屈肘90°，大臂和木杆与地面保持平行。双手抓木杆并在头后最大限度地伸直手臂。受试者慢慢地做下蹲姿势。下蹲过程中，脚后跟不要离地（如无法实现，可在脚跟下垫一木板），抬头挺胸向前看，木杆始终在头后。受试者有3次机会完成测试动作。

4.评分标准

3分：躯干与胫骨平行，或与地面趋于垂直；胫骨低于水平线；双膝在脚的正上方；木杆在脚的正上方，保持水平。

2分：躯干与胫骨平行，或与地面趋于垂直；胫骨低于水平线；双膝在脚的正上方；木杆在脚的正上方，保持水平；足跟提升。

1分：躯干与胫骨不平行；胫骨不在水平线下；双膝不在脚的正上方；木杆在脚的正上方，保持水平。

0分：测试过程中，身体任何部位出现疼痛。

（二）过栏步

1.测试目的

这一动作可以评估髋关节、膝关节和踝关节双侧功能灵活性和稳定性。

过栏步动作模式是由位移和加速度组成的整体，虽然大多数活动中的迈步动作幅度没有达到这个程度，但过栏步这个动作能够将各种步行的代偿动作或不对称性都暴露出来。这个测试考验人体迈步及大步走的能力，也考验单腿站立时的稳定性和控制力。

2.所需器材

FMS测试仪（栏架）或木杆、木板。

3.测试方法

以站立开始，双腿打开与肩同宽，FMS测试仪（栏架）在受试者的小腿胫骨粗隆高度。木杆放于颈后肩上，双脚平行站于栏架下，脚趾处于栏架正下方，受试者单腿跨过栏杆，腿伸直，脚后跟着地，重心在支撑腿上，支撑腿不能弯曲，然后回到起始姿势。进行该动作时要尽量慢，做完一侧后换另一侧进行测试，每侧做3次，记录单侧完成情况，并比较两侧的差异。

4.评分标准

3分：髋、膝、踝在矢状面上呈一条直线，腰椎没有明显移动；木杆与栏架保持平行。

2分：髋、膝、踝在矢状面上不呈一条直线，腰椎有明显移动；木杆与栏架不能保持平行。

1分：脚碰到栏架，身体失去平衡。

0分：测试过程中，身体任何部位出现疼痛。

（三）直线弓箭步

1.测试目的

直线弓箭步可以评估躯干、肩部、髋关节和踝关节的灵活性与稳定性以及股四头肌的柔韧性和膝关节的稳定性。

直线弓箭步动作模式经常出现在训练、日常活动和体育运动中，它是减速运动和方向变化的一个组成部分，在这个动作中，双腿前后分开的窄基底姿势和双上肢的反向姿势为我们提供了足够的机会来发现灵活性和稳定性问题。

2.所需器材

FMS测试仪或木杆、木板。

3.测试方法

测试者首先测量受试者胫骨的长度。受试者将右脚放在木板最后端，将木杆放在背后，保持其始终接触头、腰椎和骶骨，右手在上抓住木杆，左手在下抓住木杆底部。测试者在受试者右脚地面开始测量其胫骨长度，并在木板上作标记。受试者左脚向前迈一步，将脚后跟放在记号处。受试者慢慢下蹲至右腿膝盖碰触左脚后的木板（前腿膝关节不可主动前倾）。在测试过程中，双脚必须在一条直线上，脚尖指向运动方向。每侧有控制地做3次练习，比较单侧完成情况及两侧间的差异。

4.评分标准

3分：木杆始终与头、腰椎和骶骨接触；躯干没有明显移动；木杆和双脚仍处于同一矢状面；膝盖接触木板。

2分：不能保持木杆与头、腰椎和骶骨接触；躯干有明显移动；木杆和双脚没有处于同一矢状面；膝盖不能接触木板。

1分：身体失去平衡。

0分：测试过程中，身体任何部位出现疼痛。

（四）肩部灵活性

1.测试目的

通过肩部灵活性测试，可以评估双侧肩的运动范围，以及内收肌内旋和外展肌的外旋。完成规定动作时，需要正常的肩胛灵活性和胸椎的伸展：在外展/外旋、弯曲/伸展与内收/内旋组合动作时肩部的灵活性，以及肩胛与胸椎的灵活性。

2.所需器材

木杆。

3.测试方法

测试者首先测量受试者手腕最远端折线到中指指尖的距离，受试者双手始终握拳（大拇指在内），肩部最大限度地外展或内旋在背后，一手从颈后一手从腰部相向靠近，测试受试者双拳之前的距离。每侧各做3次，记录单侧完成情况并比较两侧间的差异。

4. 评分标准

3分：两拳间距在一个手掌长以内。

2分：两拳间距在一个到一个半手掌长。

1分：两拳间距超出一个半手掌长。

0分：测试过程中，身体任何部位出现疼痛。

（五）主动抬腿

1.测试目的

该测试在骨盆保持稳定、对侧腿主动上抬时，检测腘绳肌腱、腓肠肌与比目鱼肌的柔韧性。

通过主动抬腿可以测试在躯干保持稳定的情况下，下肢充分分开的能力。若要较好地完成这一动作，需要受试者腘绳肌和小腿三头肌具有较好的柔韧性。运动员在训练与比赛时需要这种柔韧性，这种柔韧性不同于一般测试的被动柔韧性。受试者需要表现出良好的髋关节灵活性以及腹下部肌肉的稳定性。

2.所需器材

FMS测试仪或轻质木杆、木板、练习垫。

3.测试方法

受试者以仰卧开始，双手放在身体两侧，掌心向上。在受试者膝盖下放置木板，测试者首先确定受试者髂前上棘到膝盖骨的中点。受试者抬起左腿，伸直膝盖，勾脚尖。在测试过程中，异侧腿膝盖保持在木杆上，双肩保持在练习垫上。当受试者测试动作达到最大幅度时，穿过踝关节中点与地面作垂线，记录垂线在地面上的位置。每侧做3次，记录单侧弯沉情况，比较两侧间的差异。

4.评分标准

3分：标记点位于大腿中点与髂前上棘间。

2分：标记点位于大腿中点与膝关节中点间。

1分：标记点在膝关节以下。

0分：测试过程中，身体任何部位出现疼痛。

（六）躯干稳定性俯卧撑

1.测试目的

通过躯干稳定性俯卧撑可以评价上肢进行闭合运动时，运动员在前后两个维度上稳定脊椎的能力。若想较好地完成这一动作，需要受试者在上肢进行对称性动作时，躯干在矢状面上保持稳定。人体在完成很多动作时都需要躯干保持稳定，以均衡地将力量从上肢传至下肢，或从下肢传到上肢。比如，橄榄球比赛中的阻挡动作或篮球比赛中跳起抢篮板球的动作，就是这种力量传递的最一般的例证。如果在做此类动作时，躯干不能保持足够的稳定性，力量就会在传递的过程中减弱，从而导致功能性表现下降并使受损伤的可能性大大提高。

2.所需器材

练习垫。

3.测试方法

受试者由俯卧位开始，双手打开与肩同宽，膝盖充分伸直。受试者做一次标准的俯卧撑，要求身体呈一个整体推起，没有塌腰。如果受试者不能很好地完成姿势，可以降低难度再做一次。在可以完成动作的姿势下做3次。

4.评分标准

3分：在规定姿势下能很好地完成动作1次。男受试者的拇指与前额在一条线上，女受试者拇指与下颌在一条线上。

2分：在降低难度的姿势下能完成动作1次。男受试者的拇指与下颌在一条线上，女受试者拇指与锁骨在一条线上。

1分：在降低难度的姿势下也无法完成动作或者出现代偿性动作。

0分：测试过程中，身体任何部位出现疼痛。

（七）体旋稳定性

1.测试目的

体旋稳定性测试可以评估上下肢同时进行运动时躯干在多个维度上的稳定性。

受试者在进行这种测试时，要完成的动作比较复杂。它需要受试者有良好的神经肌肉协调能力，以及将力量从身体的某一部分转移到另一部分的能力。完成这一动作时（受测者上下肢同时进行对称动作时），受试者需要具备躯干在矢状面和横向面上的对称稳定性。很多功能性动作都需要躯干保持稳定，以均衡地将力量从下肢传至上肢，或从上肢传到下肢。这方面的运动实例如跑步和橄榄球。如果躯干在进行此类活动时不能保持足够的稳定性，力量就会在传递的过程中减弱，从而导致功能性表现下降并使受损伤的可能性增加。

2.所需器材

FMS测试仪或木杆、练习垫。

3.测试方法

受试者由跪撑姿势开始，肩、髋关节与躯干成90°，屈膝90°，勾脚尖。在膝盖和手之下放置木杆，受试者伸展同侧肩和髋，腿和手离开地面。抬起同侧的肘关节、手、膝盖，要与木杆在一条直线上，躯干与木杆保持平行。然后屈肘屈膝相触，每侧做3次。

4.评分标准

3分：脊柱与地面保持平行，完成1次同侧动作；膝和肘接触。

2分：脊柱与地面保持平行，完成1次对侧动作；膝和肘接触。

1分：不能完成对侧动作。

0分：测试过程中，身体任何部位出现疼痛。

第二节 YBT测试

YBT测试起源于美国，它改良于星形平衡测试，用于测试动态情况下身体平衡能力以及姿势控制能力。YBT测试因简便、省时、省力、可靠性高（可信度：$0.88\sim0.99$，$P\leqslant0.01$）而被广泛使用。

风险评价指标：

（1）综合值=（前+后外+后内）/（3倍腿长）×100%。

（2）左、右、下肢三个方向（前、后外、后内）伸出距离以及综合值的差值。

1.测试目的

YBT测试的主要目的在于发现与躯干、下肢损伤相关的功能障碍。2006年，普利斯等人跟踪研究高中篮球生下肢非撞击性损伤，发现如果YBT测试左右腿向前伸出距离差大于4 cm，损伤风险会增加2.5倍；综合值处于同类人群后1/3的女生，损伤风险增加约6倍。此外，YBT测试还能用于下肢综合功能评估，评估慢性踝关节不稳、前交叉韧带损伤等风险因素。目前在国际上YBT测试用于运动伤病预防性筛查、下肢康复与重返赛场评定等，并得到广泛认可。

2.测试工具

YBT测试架。

3.测试方法

（1）准备工作。脱去鞋袜，记录受试者下肢长度（髂前上棘到同侧脚内踝中点的距离）。

（2）开始进行测试。受试者单脚站在测试平台上，拇指对准测试平台上的红色起始线，双手掐腰。另一只脚尽可能地向前方、后内侧、后外侧推动测试板，然后回到起始线上。分别记录不同方向推动测试板的最远距离（精确到0.5 cm），重复3次。

换脚支撑，重复上述测试并记录结果。

（3）注意事项。

1）在测试时，支撑脚的足跟不能抬起或移动。

2）移动脚在向各个方向进行测试时，不能以测试板或测试杆作为支撑，也不能接触地面。

3）移动脚在推动过程中应与测试板始终贴合，不能依靠惯性。

（4）结果分析。

假设记录结果分别为 a_1、b_1、c_1，a_2、b_2、c_2。

$$左脚综合值 = \frac{a_1 + b_1 + c_1}{腿长 \times 3} \times 100\%$$

$$右脚综合值 = \frac{a_2 + b_2 + c_2}{腿长 \times 3} \times 100\%$$

$$双侧差异 = \frac{(a_1 + b_1 + c_1) - (a_2 + b_2 + c_2)}{(a_1 + b_1 + c_1 + a_2 + b_2 + c_2)/2} \times 100\%$$

注：a_1、b_1、c_1，a_2、b_2、c_2 分别代表左/右脚向三个方向推动测试板的距离。

1）若综合分数<95%，提示支撑腿可能存在较高损伤风险；

2）若双侧差异>5%，提示左右侧支撑腿力量或平衡差异较大。

第三节　单腿跳跃测试

单腿跳跃测试是物理治疗师和其他康复专业人员常用的评估前交叉韧带（ACL）损伤后重建恢复情况的重要方法。之所以重要，是因为这些检查是决定ACL损伤患者何时进入下一步康复阶段以及重返赛场的关键。这些测试能够提供预测未来ACL损伤风险（包括植入物撕裂、生活质量受损、长期骨关节炎以及其他膝关节损伤）的重要信息。

（1）单腿跳跃测距。单腿跳跃测距检查的是肢体对称性指数。

肢体对称性指数=患肢跳跃距离/健肢跳跃距离

（2）单腿起身。单腿起身测试中，受试者坐在一定高度的治疗床上，使测试肢处于膝关节屈曲90°，以一定速度站起，并记录最大次数。

此外还有6米跳跃时间测试、组合跳跃测试等。

第四节 心肺功能测试（台阶测试）

1.测试目的

心肺功能测试（台阶测试）可以评估受试者心肺功能适应水平。

2.测试方法

受试者站在台阶前方，按节拍器的节律做上下台阶动作，频率为30次/min。即从预备姿势开始，听到第一声响时，一只脚踏在台阶上；第二声响时，踏台阶腿伸直，另一脚跟上台并立；第三声响时，先踏台阶的脚下地；第四声响时，另一只脚也下地还原成预备姿势。用每2 s上下一次的速度，按节拍器的节律连续做3 min 。做完后，立刻坐在椅子上测量运动结束的1 min～1 min 30 s、2 min～2 min 30 s、3 min～3 min 30 s的3次脉搏数，填入相应的方格内。如果受试者在运动中坚持不下去或跟不上上下台阶的频率3次，要立即停止运动，并以s为单位记录运动持续的时间。同样测试3次脉搏数，也填入相应的方格内。

使用电子台阶指数测定仪测试时，在连续做完3 min台阶运动后，受试者静坐在椅子上，立即戴上指脉仪（中指）， 使手心向上，放置在桌面，持续3 min即显示台阶运动指数，将此结果直接填入表内。

3.评分方法

评定指数=登台阶运动持续时间（s）×100/（2×恢复期3次脉搏之和）。

20～59岁成年人台阶指数评分标准见表3-2。

表3-2 20～59岁台阶指数评分标准

年龄	性别	1分	2分	3分	4分	5分
20～24岁	男	42.1～46.1	46.2～52.0	52.1～58.0	58.1～67.6	>67.6
20～24岁	女	40.9～46.1	46.2～52.2	52.3～58.0	58.1～67.1	>67.1
25～29岁	男	42.1～46.1	46.2～52.2	52.0～58.3	58.4～68.1	>68.1
25～29岁	女	40.7～46.8	46.9～53.2	53.3～59.1	59.2～68.6	>68.6
30～34岁	男	41.4～46.1	46.2～52.2	52.3～58.3	58.4～68.1	>68.1
30～34岁	女	39.5～47.0	47.1～53.7	53.8～59.9	60.0～69.1	>69.1
35～39岁	男	41.3～46.1	46.2～52.2	52.3～58.7	58.8～68.1	>68.1
35～39岁	女	37.0～46.8	46.9～53.8	53.9～60.3	60.4～69.7	>69.7

续表

年龄	性别	1分	2分	3分	4分	5分
40～44岁	男	37.8～46.5	46.6～53.5	53.6～59.9	60.0～70.2	＞70.2
40～44岁	女	31.5～46.8	46.9～54.8	54.9～61.5	61.6～71.3	＞71.3
45～59岁	男	35.5～46.3	46.4～53.5	53.6～60.3	60.4～70.2	＞70.2
45～59岁	女	30.0～45.6	45.7～54.4	54.5～61.5	61.6～71.3	＞71.3
50～54岁	男	31.5～45.8	45.9～53.5	53.6～59.9	60.0～69.7	＞69.7
50～54岁55～59	女	27.9～43.8	43.9～54.1	54.2～61.5	61.6～71.3	＞71.3
55～59岁	男	29.9～43.8	44.8～53.2	53.3～59.9	60.0～69.7	＞69.7
55～59岁	女	27.3～39.8	39.9～52.8	52.9～60.3	60.4～70.2	＞70.2

资料来源：国家国民体质监测中心发布的《国民体质测定标准（2023年修订）》。

第四章

常见军事训练伤的评估

第一节　肩关节常见损伤评估

一、0°外展抗阻实验

体位：自然站立。

方法：受试者双上肢自然垂于体侧，操作者握住受试者的手腕，令其完成0°～15°的外展，操作者同时给予一个阻力，出现疼痛则为冈上肌损伤。

注意：无须过多抬肩，排除肩峰下撞击引起的疼痛。

二、落臂实验

体位：站立位。

方法：操作者将受试者肩关节外展至90°以上，令受试者保持姿态，患肩不能保持位置，出现无力坠落为阳性。该实验对诊断冈上肌损伤具有高度特异性，但阳性率不高，多见于冈上肌完全撕裂情况。

三、冈下肌小圆肌损伤评估

体位：站立位。

方法：受试者肩臂部处于中立位，令其肩关节外旋45°，同时操作者对受试者手背施加压力，令受试者对抗，疼痛或力量减弱为阳性。

四、肩胛下肌损伤评估

体位：站位或坐位。

方法：操作者将受试者手放于背后，掌心后向上，令其将手臂远离背部。必要时可适当给予阻力，不能远离或撤去外力后无法维持此位置而贴于躯干的，提示肩胛下肌损伤。

五、内尔（Neer）试验

体位：站立位或坐位。

方法：令受试者肩关节极度内旋，肩胛骨平面前屈举。当出现疼痛时，将肩外旋继续上抬，疼痛减轻或消失。提示：肩峰撞击、肩袖撕裂、肱二头肌长头病变。

六、肩锁下关节撞击

体位：坐位或站立位。

方法：受试者上肢前屈90°，肘关节屈，肩关节内收，小臂相对侧肩，如有疼痛则有可能属于肩锁下关节撞击。

七、盂唇损伤评估

体位：站立位。

方法：受试者肩关节外展90°，肘关节屈曲90°，操作者一只手固定上臂，另一只手在肘关节近端施以轴向挤压力，此时若能感觉盂唇出现弹响或引出肩关节的疼痛则为阳性。

第二节 肘关节常见损伤评估

一、Cozen（柯宗）检查

受试者：肘关节置于大腿或检查台上，屈曲约60°，腕关节伸直。

操作者：用力将受试者的腕关节屈曲。

阳性结果：受试者做伸直阻抗动作时，肱骨外上髁部位疼痛。

结果解释：网球肘（肱骨外上髁炎）。

二、腕关节屈曲检查肱骨内上髁炎

受试者：前臂置于大腿上或检查台上，肘关节屈曲约50°，腕关节完全屈曲。

操作者：用力将受试者屈曲的腕关节伸直。

阳性结果：肱骨内上髁部位疼痛。

结果解释：肱骨内上髁炎。

三、肘部尺神经Tinel（叩击实验）

受试者：前臂屈曲呈90°。

操作者：轻轻敲击肱骨内上髁和尺骨鹰嘴之间的尺神经沟。

阳性结果：引起尺神经分布区域（环指和小指）疼痛，犹如电击般的感觉，知觉异常或麻木。

结果解释：肘部尺神经受到刺激。

注意：过度用力可能会引起假阳性检查结果。

四、桡侧副韧带松弛

受试者：肩关节屈曲呈60°，肘关节屈曲0°并完成旋后。

操作者：将一只手掌置于肘部内侧，另一只手掌对患者前臂远端施加朝向内侧的力量，令受试者肘关节屈曲至30°，再重复上述检查。

阳性结果：疼痛和（或）关节松弛。

结果解释：桡侧副韧带松弛。

五、尺侧副韧带松弛

受试者：肩关节屈曲呈60°，肘关节屈曲0°，并完全旋后。

操作者：将一只手掌置于肘部外侧，另一只手掌对患者前臂远端施加朝向外侧的力量，令受试者肘关节屈曲至30°，再重复上述检查。

阳性结果：疼痛和（或）关节松弛。

结果解释：尺侧副韧带松弛。

第三节　腕关节常见损伤评估

一、腕部正中神经Tinel症（叩击神经损伤）

受试者：前臂旋后。

操作者：用手轻轻敲击受试者腕部近端的正中神经上方。

阳性结果：轻敲时会引起刺痛，暂时麻木，有电击般的感觉，或剧痛从敲击部位向远端放射，典型的情形出现于拇指、食指、中指和环指桡侧面的掌面。

结果解释：正中神经受到的刺激，常常是在腕管内受到压迫所引起的。

二、改良Phalen检查（屈腕实验）

受试者：两腕关节屈曲90°，双手的手背紧靠。维持此姿势30～60 s。

阳性结果：会再度引起受试者麻木或刺痛的症状，典型的情形出现在拇指、食指、中指和环指桡侧面的掌面。

结果解释：维持此姿势超过60 s，可能会造成正常人的假阳性结果。

三、反向Phalen检查（屈腕实验）

受试者：两腕关节伸展90°或以上，双手手掌紧靠在一起，维持此姿势30~60 s。

阳性结果：会引起受试者麻木或刺痛症状，典型的情形出现在拇指、食指、中指和环指桡侧面的掌面。

四、腕部压迫检查

受试者：前臂旋后，手臂张开。

操作者：沿着受试者腕管的全长，用双手拇指紧紧压迫腕管，维持17~120 s，并分别朝受试者手内侧和外侧方向施力。

阳性结果：会引起受试者麻木或刺痛的症状，典型的情形出现在拇指、食指、中指和环指桡侧面的掌面。

结果解释：正中神经在腕管内受到压迫。

五、蛤壳检测（腕部伸肌）

受试者：将上肢与腕部放在中立位，前臂旋前。

操作者：①站在受试者受检部位的同侧，将双手围住受试者的腕部，手指互相紧扣。上方手部的拇指大鱼际放在受试者指节处，下方手部的拇指大鱼际放在受试者桡骨茎突的掌面。②用力紧紧扣住受试者手部，就像蛤壳一样，令受试者尝试伸展其腕部。

阳性结果：会引起腕部肌肉麻木或疼痛症状。

结果解释：腕部伸肌紧张或发生损伤。

六、反向蛤壳检查（腕部屈肌）

受试者：将上肢与腕部放在中立位，前臂旋前。

操作者：①双手围住受试者的腕部，手指互相紧扣。上方手部的拇指大鱼际放在受试者桡骨茎突的背面，下方手部的拇指大鱼际放在受试者的指节处；②用力紧紧扣住受试者手部，就像蛤壳一样，令受试者试着屈曲其腕部。

阳性结果：会引起腕部肌肉麻木或疼痛症状。

结果解释：腕部屈肌紧张或发生损伤。

七、Fromen症（尺神经损伤）

受试者：用拇指和食指捏住一张纸或名片。

操作者：捏住纸张的另一端，并且指导受试者用力捏住纸张（拇指内收），以免纸张被抽出。

阳性结果：拇指指间关节指间屈曲。

结果解释：尺神经支配的拇指内收肌无力（使用拇长屈肌代替）。

注意：造成拇指指间屈曲的原因是受试者使用拇长屈肌来代替无力的拇内收肌，形成捏住动作。

第四节　腰椎关节常见损伤评估

一、腰椎棘突检查

受试者：处于站立位。

操作者：观察受试者腰椎，触诊两侧髂嵴的上方部分。

结果解释：触诊两侧髂嵴上方连线的中点，通常在第4腰椎（L4）至第5腰椎棘突间隙，或L4棘突。

注意：可向上或向下触诊棘突，鉴别其他腰椎节段。

二、腰椎小面关节碾磨检查

受试者：坐姿，双臂交叉置于胸前。

操作者：位于受试者后面，双手置于受试者肩上，对脊椎施加向下的轴向力量，将受试者腰椎伸30°，向左及向右外旋。

阳性结果：在最大伸展和旋转时，会引起腰椎的中轴部位疼痛。

结果解释：腰椎小面关节疾病，与旋转侧为同侧。

三、Gaenslen检查（盖斯兰实验）

受试者：仰卧于检查台边缘，对侧髋关节和膝关节屈曲（小腿抵住躯干）。同侧臀部一部分离开检查台台面，使骶髂关节位于检查台边缘。

操作者：站在受试者一侧，轻轻将受试者膝部向下压，使其离开检查台边缘；可同时用力压迫受试者对侧膝部，使其更为弯曲，并固定住骨盆。

阳性结果：骶髂关节疼痛。

结果解释：髂关节功能障碍或小面关节功能障碍。

四、Yeoman检查（髋关节过伸检查）

受试者：仰卧于检查台，检查侧膝关节略微弯曲。

操作者：站在受试者一侧，一只手握住受试者同侧大腿远端前方，另一只手固定住对侧髂嵴，用力将大腿向上拉，使髋关节伸展。

阳性结果：骶髂关节疼痛。

结果解释：骶髂关节功能障碍。

注意：操作者的手部也可置于患者骶椎和腰椎上，使施加的力量分别传到骶髂关节和小面关节。

五、Ober检查（髂胫束紧张检查）

受试者：侧卧，下方大腿呈最大屈曲姿势，上方膝关节屈曲90°。

操作者：握住受试者的踝部作被动外展，并伸展其髋关节，使大腿与躯干呈一直线，维持受试者稳定姿势，令其髋关节作被动内收，使其大腿沿着身体中线方向平行移动。

阳性结果：大腿在沿着身体中线方向平行移动时，不会垂下（髋关节不能被动地内收到中线位置）。

结果解释：筋膜张肌或髂胫紧张。

第五节　髋关节常见损伤评估

一、松垮检查

受试者：坐在检查台边缘，骨盆直立，躯干松垮弯曲，双腿下垂。

操作者：将手轻轻置于受试者颈部，引导其颈部和躯干呈完全屈曲，继续施加固定的轻巧力量，令受试者保持该姿势。握住受试者的踝部，使髋关节被动屈曲至90°，并使膝关节完全伸直，然后将受试者的足部背屈。

阳性检查：引起下背部或下肢疼痛。当颈椎和躯干不再屈曲时，疼痛应可解除。

结果解释：神经根炎或坐骨神经刺激。

二、股骨前倾

受试者：俯卧位，膝关节屈曲至90°，腿部位于中立位内旋/外旋姿势。

操作者：将手置于受试者大腿外侧股骨大转子上，旋转受试者髋关节，使其股骨大转子与检查台面平行，然后测量此时该角度与90°的差值，所得结果即为股骨颈轴向与膝部轴向的相差角度。

正常范围：成年人的前倾角度差异较大，男性平均为8°，女性为14°（随着年龄增长而减小，直至骨骼成熟）。

三、Hoover征（胡佛征）

受试者：仰卧在检查台上。

操作者：双手呈杯状，捧住双踝，令受试者的一条腿抬起。

阳性结果：此时，受试者并未伸展对侧腿部，而是操作者的对侧手部感受到施加力，则表示受试者并未尽全力去抬腿。

结果解释：受试者配合检查的依从性较差。

四、胸部旋转

受试者：端坐在检查台或检查椅上，双臂交叉置于胸前，保持该姿势。

操作者：站在受试者身后，双手置于受试者双肩上，提示受试者保持骨盆不动，同时上身左右旋转。

阳性结果：骨盆和躯干旋转角度小于45°。

结果解释：受试者胸椎和腰椎关节的肋骨、椎间盘与（或）小关节活动受限。

注意：检查时不可让受试者的骨盆举高离开检查台面，以免造成假性，让人误以为增加了活动范围。

五、Thomas检查（髋关节屈曲挛缩检查）

受试者：仰卧在检查台上，臀部置于检查台边缘，使骶髂关节正好位于边缘的上端，抱住膝部前方向上拉，使大腿贴近身体，让髋关节和膝关节做最大屈曲。

操作者：观察髋部的移动，必要时固定住受试者腿部。

阳性结果：受试者未能维持在中立位，而是维持在某种屈曲的角度下，或合并出现腰骶椎前屈的现象。

结果解释：髂腰肌紧张，髂骨韧带紧张，或其他髋部屈曲挛缩的情况。

六、髂胫束挛缩试验

受试者：侧卧在检查台，患侧下肢在上（尽量外展），随后屈膝90°，使髂胫束松弛，然后放松外展的大腿。

操作者：观察患者腿部的位置。

阳性结果：若外展的大腿放松后仍保持在外展位，本试验为阳性。

结果解释：髂胫束挛缩。

第六节　膝关节常见损伤评估

一、髌骨上方压迫检查

受试者：仰卧在检查台上，膝关节被动伸直。

操作者：一只手的手指置于受试者髌骨下端，另一只手在受试者髌骨周围施加压力，从近心端至远心端移动，将液体推向位于髌骨下方的另一只手处。

阳性结果：压迫膝关节近心端，会使髌骨下方的手指向上升，说明膝关节内有积液。

结果解释：膝关节积液。

二、向前拖拽检查

受试者：仰卧在检查台上，膝关节屈曲。

操作者：轻坐在受试者足部加以固定，双手握住受试者的小腿近端，两手拇指位于近端胫骨前方的两侧，并用手指环绕住小腿后方，试着用力将胫骨相对于股骨向前拉动。

阳性结果：与健侧相比，该胫骨从股骨端向前移动5 mm左右。

结果解释：前交叉韧带不稳定或撕裂。

注意：向前移动不足1 cm，可能属于正常现象。倘若受试者未完全放松，或半月板撕裂等，也可能出现假阴性结果。

三、外侧稳定度检查

受试者：仰卧在检查台上，膝关节完全伸展。

操作者：一只手置于受试者膝部后内侧，同时在小腿远端施加向内的力量，对膝关节形成内翻的力量，使腓侧副韧带受到张力以支撑下肢。在膝关节屈曲0～30°，分别进行此操作。

阳性结果：在膝关节外侧关节线上出现疼痛和（或）关节腔隙增大。

结果解释：腓侧副韧带不稳定，后侧关节囊、前交叉韧带或后交叉韧带损伤。若膝关节屈曲30°时出现阳性检查结果，则为腓侧副韧带、后侧关节囊或腘绳肌损伤。

四、内侧稳定度检查

受试者：仰卧在检查台上，膝关节完全伸展。

操作者：一只手置于受试者膝部后外侧，同时在小腿远端施加向外的力量，对膝关节形成外翻的力量，使胫侧副韧带受到张力以支撑下肢。在膝关节屈曲0～30°时，分别进行此操作。

阳性结果：在内侧关节线上出现疼痛和（或）关节腔隙增大。

结果解释：胫侧副韧带不稳定和（或）前交叉韧带或后交叉韧带撕裂。如果在膝关节屈曲0°时出现阳性检查结果，很可能为撕裂，也有可能为前交叉韧带或后交叉韧带或后面关节囊损伤。若膝关节屈曲30°时出现阳性检查结果，但在膝关节屈曲0°时为阴性检查结果，则受伤部位可能局限于胫侧副韧带。

五、McMurray检查（半月板弹响检查）

受试者：仰卧在检查台上。

操作者：一只手呈杯状，捧住受试者足跟。将受试者膝关节完全屈曲，足部外旋，再将膝关节完全伸展。在足部内旋下，重复上述检查。

阳性结果：膝关节伸展时，在膝部内侧或外侧关节线上出现咔嗒声、疼痛和（或）不连续声音。

结果解释：内侧或外侧半月板病变。

第七节　踝关节常见损伤评估

一、足底筋膜炎检查

受试者：仰卧位。

操作者：一只手对受试者脚拇指施加背屈的力量，触诊足部跖侧的内侧跟骨粗隆部分，并沿着跖膜走向触诊。

阳性结果：触诊时引起疼痛。

结果解释：足底筋膜炎或腱膜功能障碍。

二、跟腱触诊

受试者：坐位，小腿下垂于检查台边缘，膝关节被动屈曲90°，踝关节屈曲90°。

操作者：触诊受试者跟腱的全部长度，从小腿远端1/3至跟骨。

阳性检查：沿着肌腱出现轻度至中度压痛和（或）远端胀痛。

结果解释：跟腱炎、肌腱病变或肌腱部分断裂。

三、紧握挤压检查

受试者：俯卧位，踝关节置于检查台边缘。

操作者：握住受试者中段腓肠肌/比目鱼肌，予以挤压。

阳性检查：踝部的跖屈动作消失。

结果解释：跟腱断裂；发生部分断裂时，会出现踝关节跖屈程度比对侧减小的情况。

四、先前拖拽检查

受试者：坐位，小腿下垂于检查台边缘，膝关节屈曲90°，踝关节屈曲90°。

操作者：一只手位于受试者距骨和内踝上方，握住其小腿远端，用大鱼际肌固定小腿远端前侧，另一只手握住受试者足跟后方，一只手缓慢将受试者的足跟向前拉动，呈略微跖屈，另一只手在受试者小腿远端前方向后推。

阳性结果：与对侧相比，触诊到距骨和胫骨的相对位移大于5 cm，或在拉动足跟时觉察到弹响声。

结果解释：距腓前韧带松弛或不稳定。当移动量大时，跟腓韧带和距腓后韧带损伤的可能性增大。

五、跗管检查

受试者：坐姿或仰卧于检查台上。

操作者：用手指或反射锤轻轻敲击受试者内踝后下方部位。

阳性结果：疼痛或麻木感和刺痛放射至足部和脚趾的趾面。

结果解释：跗管综合征。

第五章

军事训练前的热身活动

　　热身运动是体能训练中极为重要的一环。科学合理的热身程序对于预防训练损伤具有不容忽视的重要性。一套有效的热身运动由许多关键部分组成，这些部分只有共同发挥作用才能减少损伤的发生。运动前的热身有很多好处，但最主要的目的是为之后激烈运动做好生理和心理的准备。一次有效的热身运动还可以加快心率和呼吸频率，进而加快血液流动，促进氧和营养物质向工作肌运送，有助于肌肉、肌腱和骨关节为更激烈的运动做好准备。因此，学习热身运动对于军事训练有着至关重要的作用。

第一节　头部活动

1.仰头和低头

　　双脚开立，双手叉腰，目视前方。吸气的同时向后仰头，充分拉伸颈部前侧肌肉，至极限位置保持3～5个呼吸。呼气的同时向前低头，感受颈后部肌肉充分拉伸，保持3～5个呼吸。仰头和低头交替练习，每组练习3～5次（见图5-1-1和图5-1-2）。

2.头部侧弯

　　头部弯向一侧，耳朵靠近肩膀，同时尽量放低另一边的肩膀，增大脖子的拉伸程度。头部和眼睛正对前方（见图5-1-3），保持这个姿势1～2个呼吸的时间。恢复初始动作时，下巴缓缓贴近自己的胸部，头部先从中间低下，抬起伸直。结束之后换另外一侧，动作相同，方向相反。左右交替一次，进行2到3次即可。

图 5-1-1　　　　　　　图 5-1-2　　　　　　　图 5-1-3

3.头部环绕

头部慢慢画圆环绕，下巴尽量放低直到靠近胸部。头部先慢慢转向右边，然后再转回中间。面部上仰，抬高下巴。头部慢慢转向左边，然后再转回到中间，面部和眼睛朝向地面，下巴贴近胸部，脖子后侧尽量伸展（见图5-1-4）。按照顺时针的方向重复这个动作。顺逆交替为一次，进行2～3次即可。

图　5-1-4

第二节　上肢活动

1.侧向转身拍手

双腿开立，双臂平伸（见图5-2-1）。上体左转，身体转至极限位置时双手拍合（见图5-2-2）。左右交替进行，练习3～5组，每组每侧3～5次。（动作过程中仅上身转动，腰部以下不转动）

图　5-2-1　　　　　　　　　图　5-2-2

2.双臂上举

双脚开立，双臂上举，腰背挺直（见图5-2-3）。手臂充分伸展后保持3～5个呼吸，手臂慢慢放下。练习3～5次。

图　5-2-3

3.对角线肩部旋转

开始时，双臂在身体前方交叉。双臂呈对角打开，然后回到原来的姿势（见图5-2-4、图5-2-5）。让肩胛骨跟随肋骨前后运动，增加活动范围。按照最大范围运动，然后更换方向。

图　5-2-4　　　　　　　　　图　5-2-5

4.德国摆臂

一侧手臂先向外再向后挥臂，直到肘关节向上指向天空，手摸到后背的上部。同时，另一侧手臂向身体前方挥舞，达到抬起手臂的腋下位置（见图5-2-6、图5-2-7）。放松手臂，变为相反方向的运动。重复动作，预热双肩。

图　5-2-6　　　　　　　　　图　5-2-7

5.手腕环绕

双臂的前臂相互紧贴，双手扣紧。以大圆圈旋转腕关节，保持双肘关节始终并排（见图5-2-8）。重复几次后，变为相反方向，放松手腕。

6.肩绕环

自然站立位，骨盆保持稳定，两手臂伸直，肩胛骨收紧，两臂同时做前后相反方向的圆圈旋转（见图5-2-9），激活肩关节周围肌群。

图 5-2-8   图 5-2-9

第三节　腰部活动

1.俯身侧转腰

双脚开立，双腿蹬直。上身俯下，腰背与腿呈90°。上身向右平转，至极限位置保持3～5个呼吸（见图5-3-1）。左右交替进行，练习3～5组，每组每侧3～5次。

图 5-3-1   图 5-3-2

2.腰部旋转

双脚与肩同宽站立，大幅度旋转躯干和骨盆（见图5-3-2）。一定要向两个方向旋转，活动范围要尽可能大。

3.弯腰转体

双脚两倍于肩宽站立，向前弯腰。一只手触摸地面，向另一侧旋转躯干，同时向着正上方抬起另一只手（见图5-3-3）。向另一侧旋转，双手交换位置。来回重复动作，激活躯干肌肉。

4.臀桥

双臂完全伸展，并且掌心朝下，仰卧（脸朝上），双膝弯曲至 90°，双脚稍微靠近臀部。脚跟着地，脚趾向上抬起离地。双臂直接放在身体两侧，掌心朝下。挤压臀部，就像用臀部用力夹住一枚硬币一样。脚跟向下蹬地，支撑起身体，使肩部、臀部以及双膝处于同一条直线（见图5-3-4）。保持该姿势 1 s，并返回至起始姿势。重复所需的次数。

图　5-3-3

图　5-3-4

5.髂腰肌拉伸

右膝跪于地，左脚向前迈出呈弓箭步，双手搭于左腿大腿上，盆骨保持中立位，把整个身体向前下平移，使腰肌得到充分拉伸（见图5-3-5）。

图　5-3-5

6.提膝触肘

双脚打开与肩同宽，双手自然垂于身体两侧，右脚着地，左脚高抬，右臂伸直上举。运动时，左手后摆，右手肘轻触左膝盖，两侧交替进行

（见图5-3-6、图5-3-7）。

图 5-3-6

图 5-3-7

第四节 下肢活动

1.马步半蹲

双脚开立与肩同宽，双手叉腰。在腰部挺直的条件下，屈膝半蹲成马步，始终目视前方（见图5-4-1）。练习3～5组，每次深蹲到极限时保持3～5个呼吸。

2.侧向摆腿

双臂侧平举，腰背挺直。右腿伸直向左斜前方摆出，脚尖点地，身体姿态平衡时保持3～5个呼吸（见图5-4-2）。左右腿交替练习，每侧练习3～5次。运动时应始终目视前方。

图 5-4-1

图 5-4-2

3.勾脚尖踢腿

双脚并拢，两手叉腰，腰、背、头挺直站立。左腿向左侧踢出，同时左脚外旋勾脚尖。大腿部内侧肌肉尽量转向身体前方，身体姿态平衡时保持3～5个呼吸（见图5-4-3、图5-4-4）。左右腿交替练习，每侧练习3～5次。运动时应始终目视前方。

图 5-4-3

图 5-4-4

4.前踢腿

双脚并拢，两手叉腰，腰、背、头挺直站立。左腿向前踢出，由踢出时的绷脚尖变为勾脚尖，身体姿态平衡时保持3～5个呼吸（见图5-4-5）。左右腿交替练习，每侧练习3～5次。运动时应始终目视前方。

5.侧向滑步

腰背挺直，腹部收紧，目视前方，双腿距离与髋同宽，先屈髋再屈膝，成深蹲姿势，双脚双膝保持向前，做侧向移动，动作过程中膝盖不得内扣，每次移动距离为两脚间距离的一半（见图5-4-6）。激活下肢肌群（股四头肌、臀中肌），稳定骨盆。20次/组，左/右方向。

图 5-4-5

图 5-4-6

6.髋部旋转

单腿立起，将另一侧膝盖向前抬起（见图5-4-7）。保持屈膝并抬高大腿，从前方先向身体外侧，再向身后旋转腿。换另一条腿重复动作。

7.脚踝绕圈

单腿站立，向前抬起一只脚。沿着顺时针方向或逆时针方向旋转脚尖并放松脚踝（见图5-4-8）。换另一只脚重复动作。

图　5-4-7

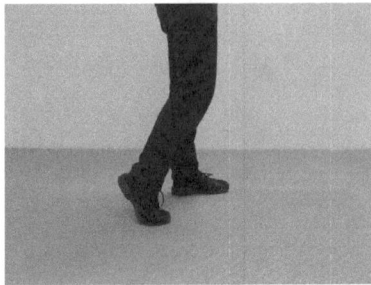

图　5-4-8

8.侧向移动

站立，双臂与双腿充分打开。一条腿在另一条腿的前方交叉（见图5-4-9）。然后，后方腿向侧面迈出，开始侧向移动。换另一条腿重复相同动作。

9.膝盖绕环

双脚并拢站立，膝部稍稍弯曲。身体前倾，双手按在膝盖上。双膝并拢，逐渐扩大旋转范围（见图5-4-10）。变形：除了转圈，还可以练习双膝向外分开和向内并拢。

图　5-4-9

图　5-4-10

10.屈膝

双脚并拢站立，膝部稍稍弯曲（见图5-4-11）。屈膝，臀部降低到脚后跟的位置。脚后跟离开地面，双腿分开，继续增加下蹲深度。站起来，然后再次蹲下，试着每次增加下蹲深度。

11.抬腿提膝提踵走

自然站立位，右脚向前至屈膝半蹲位，左脚跟上提膝，双手抱膝，使大腿尽量靠近身体，右脚提踵（见图5-4-12）。双脚行进交替进行。

图 5-4-11

图 5-4-12

12.徒手弓箭步跳

上半身保持腰背挺直，身体稍前倾，做前后弓箭步交替跳起（见图5-4-13）。激活股四头肌、臀大肌、臀中肌。每侧 20 次/组。

13.交换抬腿

左右腿交替跳跃提膝的同时，双手在大腿下侧击掌，提膝时高于水平面，上身直立，不可弯腰及后仰，动作轻盈有弹性（见图5-4-14）。激活下肢肌群，增强下肢协调性。20 次/组。

图 5-4-13

图 5-4-14

14.交叉跳

抬头挺胸，腹部收紧，双手叉腰，双脚前后交替小跳（见图5-4-15），注意身体协调一致，呼吸均匀。激活上肢及下肢肌群，增强全身速度及协调性。20 次/组。

15.后踢腿

背部挺直，目视前方，双手背后至臀部位置，保持身体稳定，快速交替勾腿，脚须勾到臀部（见图5-4-16）。激活大腿后侧肌群，提高全身速度及协调性。20 次/组。

图 5-4-15

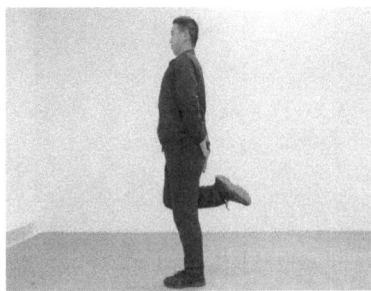

图 5-4-16

16.腘绳肌拉伸

双脚前后开立,相距约 20 cm,前脚脚跟着地,脚尖上扬,腰背保持伸直,手臂伸直自前脚尖位置处缓慢向上伸,同时伸髋至站立位(见图5-4-17)。前后脚交替进行。拉伸股后肌群。行进间,每侧做 20 次/组。

图 5-4-17

第五节　整体活动

1.开合跳

双腿同时发力,身体向上跃起,同时双腿向身体两侧分开,约为肩宽的1.5倍;双手同时也从身体两侧画圆向上抬起,在头顶上方击掌(见图5-5-1);动作到位后,再次双脚同时发力将身体跃起,恢复原来的立正姿势(见图5-5-2)。

图 5-5-1

图 5-5-2

2.俯卧登山跑

俯撑姿势，双手分开，略宽于肩膀，收紧腹部，双腿交替做快速提拉动作（见图5-5-3）。激活上肢（肱三头肌）及下肢（屈髋肌群），增强全身协调性。50次/组。

3.高抬腿踏步

双手置于身体两侧，前后跳跃，抬高膝盖，两侧自然摆动。膝盖高度至少达到骨盆的高度（见图5-5-4）。

图 5-5-3　　　　　　　　图 5-5-4

4.弓箭步转体

双脚并拢站立，双臂在胸部正前方伸直，双手手掌相合。向前迈出一大步，成弓箭步姿势（见图5-5-5）。躯干和手臂向着前方腿的一侧旋转（见图5-5-6）。回到起始位置。身体对侧重复动作。在练习弓箭步转体时向前走动。

图 5-5-5　　　　　　　　图 5-5-6

5.侧向弓箭步

双脚展开至少两倍于肩宽。一条腿屈膝，呈侧向弓箭步姿势（见图5-5-7）。回到中正位置，向相反方向重复动作。注意膝盖的位置，腿不能向内侧倾斜。

6.蹲姿侧向行走

下蹲到深蹲姿势。一条腿在另一条腿前方，向一侧移动。在侧向行走时，臀部保持下蹲姿势（见图5-5-8）。注意保持膝盖的正确位置，避免受伤。

图 5-5-7　　　　　　　　　　图 5-5-8

7.鳄鱼爬行

双手撑地且位于肩部下方，整个身体呈一条直线。双臂弯曲，身体下沉，尽量降低腹部和骨盆的高度，每次只向前移动一只手臂和对侧腿（见图5-5-9）。

8.蟹式行走

用四肢支撑身体，胸部和腹部向上。保持臀部不接触地面，用手和腿支撑身体，像螃蟹一样移动（见图5-5-10）。

图 5-5-9　　　　　　　　　　图 5-5-10

9.直腿爬行

双手固定，收紧腹部，双腿伸直，脚跟不要离开地面（见图5-5-11），双脚逐渐向前碎步移动，尽力向支撑手靠拢（见图5-5-12）。

10.最伟大拉伸

自然站立位，右腿前跨，呈弓步，身体前倾，左右撑地，右手屈臂，以肘关节碰触右脚尖，保持3 s（见图5-5-13），右臂伸直，上举向对侧拉伸（见图5-5-14）。行进间交替拉伸。

图 5-5-11

图 5-5-12

图 5-5-13

图 5-5-14

11.下蹲抓脚趾并伸展

双脚分开，略宽于髋部站立，脚尖朝前或微微向外打开。同时屈膝、屈髋，臀部向后、向下坐至全蹲姿势。将手指直接放在脚趾下面，接着伸膝、伸髋，直至膝盖尽可能伸直（见图5-5-15、图5-5-16）。返回至下蹲姿势，并重复伸展部分动作，保持双脚平放在地面上，腿部伸展应当在完全控制之下进行。

图 5-5-15

图 5-5-16

12.原地小步跑

原地做跑步动作，双腿快速交换，腿稍抬高，前后协调摆臂，躯干保持稳定（见图5-5-17）。注意小跑节奏，脚下要有弹性。增强全身速度及灵敏性。50次/组。

13.股四头肌拉伸

身体直立，左（右）膝关节后屈，同侧手抱住脚踝向后拉紧，异侧手向上伸直，保持10 s（见图5-5-18）。拉伸大腿前侧肌群。行进间，每侧做20次/组。

图 5-5-17

图 5-5-18

14.弓步髂腰肌拉伸

上身直立，头部中立位，目视前方，骨盆保持稳定。以拉伸右侧髂腰肌为例，左侧屈髋屈膝，躯干最大范围向前移动，直到感觉右侧髂腰肌有拉伸感，保持15～30 s（见图5-5-19）。拉伸髂腰肌及大腿前侧肌群。行进间，每侧做20次/组。

15.单腿站立臀肌拉伸

自然站立位，右腿前屈，左腿逐渐屈膝下蹲至半蹲姿势，腰背挺直，保持3 s（见图5-5-20），起身。右腿放下，前行一步交替进行。拉伸大腿内侧及臀部肌群。行进间，每侧做20次/组。

图 5-5-19

图 5-5-20

16.侧弓步内收肌拉伸

自然站立，双手叉腰，左脚向左侧跨出一大步，重心移到右腿，缓慢下压，保持6 s左右（见图5-5-21）；重心移至左腿，下压拉伸右腿。依次交替进行。拉伸大腿内侧肌群。行进间，每侧做20次/组。

图 5-5-21

第六章

军事训练基础素质的提升

体能是指人体各器官通过力量、速度、耐力、协调、柔韧、灵敏等运动素质表现出来的人体基本的运动能力。基础素质训练是指对身体素质各要素的训练，为有效提高专业体能和军事相关技能打下良好基础。

本章主要通过对柔韧性、力量、速度、耐力和灵敏性训练的分类介绍，使受训者提高各项体能素质，更好地掌握、运用技术动作和战术，对防止训练伤也具有重要意义。

第一节　柔韧训练

1.压肩

动作要领：练习者面对一支撑物站立，身体距支撑物一大步，双脚自然分开与肩同宽或稍宽于肩。双手抓握支撑物，上体前伏、挺胸、塌腰、收髋，做下压、振肩动作。

2.转肩

动作要领：身体呈弓步站立，一手叉腰，另一手放松下垂做从下向前向上向后向下的顺时针大幅度抡（甩）臂动作（见图6-1-1、图6-1-2）。顺、逆时针交替练习，然后再换另一手臂做此动作。

图 6-1-1　　　　　　　　　　图 6-1-2

3.肩绕环

动作要领：练习者自然站立，两腿分开与肩同宽或稍宽于肩，背部挺直，双手指尖搭肩，以肩为轴，手臂围绕肩膀画圈（见图6-1-3）。

4.肩关节内旋（弓箭手式）

动作要领：臀部跪坐于脚上，右手从上、左手从下屈肘关节，使两手在背后勾拉，尽量让两只手更多地接触。左边肘向左侧打开，同时右肘位置不变（见图6-1-4）。可以借助一根短绳降低难度。

图 6-1-3　　　　　　　　　　图 6-1-4

5.吊肩

动作要领：双手抓握单杠，保持身体静止悬垂，拉伸肩关节，保持数秒。

6.土耳其起立

动作要领：躺在地上，右手持重物，右臂向上伸直，锁定。肩部保持紧张。屈右腿，右脚置于左膝旁边。右脚蹬地，翻身，以左髋为支撑，上体继续移动，左肘触地。以左手和右腿支撑身体，身体继续上移进而离地，左腿后移，左膝跪地。此时左膝和右脚触地，右臂仍然在头部上方锁定（见图6-1-5～图6-1-9）。

图 6-1-5

图 6-1-6

图 6-1-7

图 6-1-8

图 6-1-9

7.反向支撑桥

动作要领：身体呈反向支撑姿势，双手之间的距离要比肩宽。手臂接近伸直，运动时身体向下运动，双腿姿势不变（见图6-1-10）。使臀部靠近小腿的后侧，双臂随着身体向后拉伸直到拉直（见图6-1-11）。保持动作10 s，然后使身体回到起点，重复动作。

图 6-1-10　　　　　　　图 6-1-11

8.下犬式

动作要领：身体保持下犬式姿势，双腿和双脚分开，略宽于肩，并且保持伸直。双脚前脚掌着地，双臂宽距支撑在地面上，头部处在双臂之间。运动时，保持双腿和双臂的稳定，使头部向腿部运动。当到达最大极限的时候，保持动作10 s。让肩关节有很强的拉伸感，然后身体回到下犬式，重复动作（见图6-1-12）。

图 6-1-12

9.前俯腰

动作要领：并步站立，两手十指交叉，直臂上举，手心向上；上体前俯，挺胸，塌腰，两手尽力触地。而后两手绕过双腿，抱住两脚跟部，上体、脸部贴紧双腿（见图6-1-13）。

 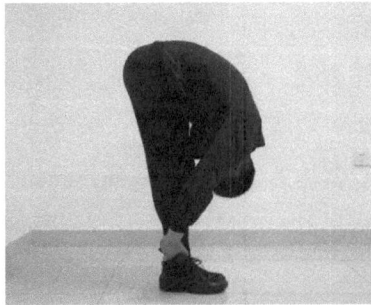

图 6-1-13

10.转腰

动作要领：上身直立，两脚分开与肩同宽或略宽于肩，双手叉腰，顺时针逆时针交替，以腰为轴转圈（见图6-1-14）。

11.眼镜蛇拉伸

动作要领：俯卧在瑜伽垫上，腿部完全贴紧地面，双手将上半身撑起，用力拉伸腹部，保持挺胸姿势（见图6-1-15）。

图　6-1-14　　　　　　　图　6-1-15

12.腘绳肌拉伸

动作要领：坐在地上，一条腿向前伸展，使脚尖朝上；另一只脚收起贴在直腿的大腿内侧，双臂前伸尝试触碰脚尖。保持背部平直，从髋部向前折叠身体。

13.腹股沟拉伸

动作要领：坐在地上，双脚脚底相抵，把脚后跟尽量拉向臀部。坐直，尽量使双膝贴近地面。可以利用大腿外侧的肌肉向下拉拽膝盖或者用手臂或双手向下压膝盖。

14.股四头肌拉伸

动作要领：用手抓住一只脚，把脚后跟尽力向臀部方向拉，身体直立，保持平衡（见图6-1-16）。

15.站立体前屈

动作要领：双腿并拢伸直，屈体，双手掌跟或拳面触地后保持静止数秒（见图6-1-17）。

图 6-1-16

图 6-1-17

16.坐位体前屈

动作要领：双腿并拢伸直坐在垫子上（地上），屈体，双手抓握双脚，胸部靠近膝关节，保持静止数秒。

17. 竖叉

动作要领：两腿伸直，前后分开下压，上身直立，手可扶地（见图6-1-18）。

18. 横叉

动作要领：两腿伸直，左右分开下压，上身直立，手可扶物、人（见图6-1-19）。

图 6-1-18

图 6-1-19

19. 半劈叉

动作要领：一腿伸直，腿后侧着地，另一腿屈膝，脚跟贴臀部，腿内侧着地，两腿尽量分开，侧身下压臀部着地；上体可做前俯后仰的压振动作（见图6-1-20）。两腿屈伸交替互换，反复进行练习。

图 6-1-20

20.压腿

动作要领：一腿支撑，一腿放在与腰或胸同高的物体上。正压腿时，脚尖勾起，上体向前下做振压动作；侧压腿时，脚尖内扣，支撑腿脚尖外摆，身体外转，上体向侧下做振压动作。振压时上体及两腿挺直。

21.正踢腿

动作要领：上体挺直，两臂左右分开伸直，手成拳；腿挺直，勾脚尖向上猛踢，左、右腿交替上踢。

第二节　力量训练

一、上肢训练

1.俯卧撑

动作要领：双手手掌着地，手指向前，与肩同宽，双腿并拢向后伸直，脚尖着地保持平衡。保持肩部、髋部、膝盖和脚在一条直线上（见图6-2-1）。保持身体挺直，两肘关节屈和外展，身体下降，使肩部低于肘关节水平面（见图6-2-2）。停顿1 s，而后做肘关节伸直动作，撑起身体。

图　6-2-1　　　　　　　　图　6-2-2

2.引体向上

要领：正手握杠，双手间距与肩同宽或比肩稍宽，呈直臂悬垂姿势。屈臂向上引体，至下颌超过杠面。引体完成后，双臂自然伸直，恢复至准备姿势（见图6-2-3）。

3.双杠臂屈伸

动作要领：掌心相对，双手握杠，双臂伸直。双肘关节同时弯曲和稍外展，直至肩关节低于肘关节即可。而后保持身体挺直，双肘关节做伸直动作，撑起身体（见图6-2-4）。

图 6-2-3

图 6-2-4

4. 卷身上

动作要领：两手正握杠，双手间距比肩稍宽，两臂伸直。屈臂向上引体，同时含胸、收腹、屈髋上举大腿，上体后倒，在臂部拉杠的配合下，腿向后上方伸出过杠，使腹部贴杠，身体绕单杠转动成杠上直臂正撑动作。下落时身体后倒，两臂用力缓慢下放伸直，恢复成准备姿势（见图6-2-5）。

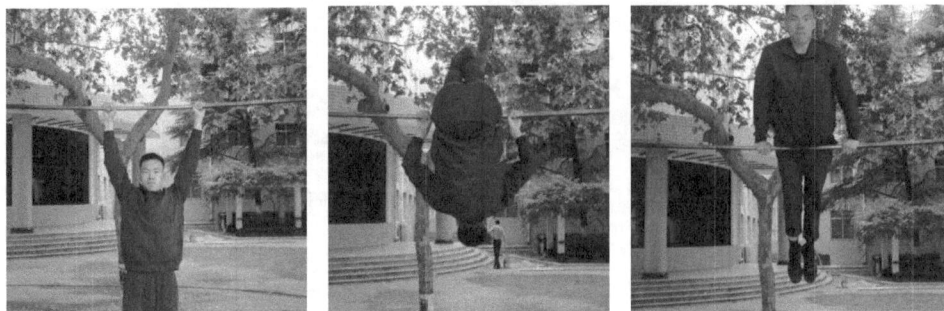

图 6-2-5

5. 哑铃卧推

动作要领：手持两只哑铃，平躺，掌心相对，从中间上方抓住哑铃开始上推，直至双臂几乎完全伸展（但不需要完全伸直）。将哑铃降至与胸同高位置，短暂停顿后回到起始位置（见图6-2-6）。

图 6-2-6

6. 杠铃卧推

动作要领：平躺，两手比肩略宽，握住杠铃后举起，使之离开支撑架。将杠铃慢慢放低至胸前，待前臂与地面垂直时停住，然后回到起始位置（见图6-2-7）。

图 6-2-7

7. 哑铃耸肩

动作要领：手握哑铃位于身体两侧，向上耸肩，保持3～5 s肌肉收缩，而后放低哑铃至起始位置（见图6-2-8）。

8. 站姿哑铃侧平举

动作要领：自然站立，双脚分开与肩同宽，膝关节和肘关节微弯，手持哑铃置于身体前方。肩关节外展向两侧上抬哑铃，保持肘关节微弯，当两臂成一条直线并与身体呈90°时，向下移动，并避免哑铃降低过快（见图6-2-9）。

图 6-2-8

图 6-2-9

9. 杠铃弯举

动作要领：站立并保持膝关节微微弯曲，双手握住杠铃，掌心向上，保持肘关节伸直但不被锁死，弯曲肘关节抬起杠铃，保持大臂静止。

10. 哑铃背后上拉

动作要领：两手臂向上伸直，保持手臂在头部附近，肘关节弯曲，使得哑铃在背后悬吊。在尝试保持肘关节在空中处于一个固定点的同时，伸直肘关节，双臂不要远离头部。继续移动直至肘关节几乎完全绷直，然后回到起始位置（见图6-2-10）。

图 6-2-10

二、腰腹训练

1. 仰卧起坐

动作要领：坐于地面（垫子），两腿并拢，膝关节弯曲呈90°，脚部固定，双手交叉放于两肩，上体后仰，肩背部着地。上体前屈，使肘部触碰膝关节，而后恢复仰卧姿势（见图6-2-11）。

2. 平板支撑

动作要领：俯卧，双肘弯曲支撑在地面上，肩膀和肘关节垂直于地面，双脚踩地，身体离开地面，躯干伸直，头部、肩部、胯部和踝部保持在同一平面，腹肌收紧，盆底肌收紧，脊椎延长，眼睛看向地面，保持均匀呼吸（见图6-2-12）。

图　6-2-11　　　　　　　　图　6-2-12

3. 卷腹

动作要领：平躺，屈膝，双腿分开与肩同宽，双脚踩实。双手扶于两耳旁，用腹肌的力量将肩部和上背部卷离地面，在最高点略作停顿后，缓慢回到起始位置。卷腹时，下背部保持紧贴地面，手肘保持向外打开（见图6-2-13）。

4. 收腹举腿

动作要领：正手握杠，双臂伸直，与肩同宽，身体自然悬挂在单杠上，两脚并拢挺直，收腹举腿，脚面触及杠面。

5. 臀桥

动作要领：仰卧，双腿屈曲，以双足、双肘和后头部为支点（五点支撑）用力将臀部抬高，如拱桥状（见图6-2-14）。

图　6-2-13　　　　　　　　图　6-2-14

6. 屈膝侧卧起坐

动作要领：侧卧，弯曲髋关节和膝关节。低处的手放在腹部来感受肌肉延展，另一只手放在脖子后面，但不要拉伸颈部。朝一侧弯曲上半身，并试着减小腋下与髋关节间的距离（见图6-2-15）。移动距离必须较短，并且缓慢而可控地移动以达到更好的锻炼效果。

7. 弯腿卷腹

动作要领：平躺于垫子上，双手交叉置于肩上，保持膝关节弯曲，一只脚放在地上，另一只脚的脚踝交叉搭在对侧的膝盖上。弯曲并转动上半身，带动肘关节去靠近对侧的膝盖（见图6-2-16）。注意肘关节去靠近的膝盖是有一条腿交叉置于其上的那一个。一条腿做完练习后，换另一条腿练习。

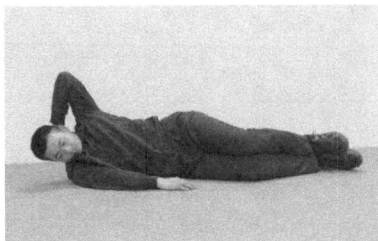

图　6-2-15　　　　　　　　图　6-2-16

8. 弯腿卷腹

动作要领：绷紧腹部，双手放于小腿两侧，小腿抬至与地面平行，调整躯干位置，上身与大腿呈V字形，不要硌到尾骨，背部挺直（见图6-2-17）。

9. 仰卧交替摸脚

动作要领：身体平躺，腰部贴地，下颚紧贴脖子，骨盆固定不动，移动双肩去让手触摸脚后跟，全程保持腹部紧绷感（见图6-2-18）。

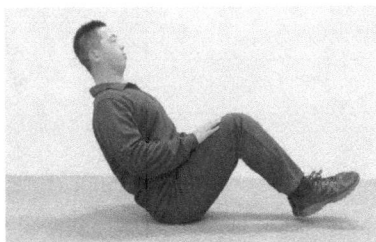

图　6-2-17　　　　　　　　图　6-2-18

10. 屈膝收腹

动作要领：后仰坐于地上，臀部着地，手臂后伸撑地，双腿微屈，腹肌绷紧稳定身体，收腿同时收腹，身体微屈，然后还原到初始位置（见图6-2-19）。

11. 屈膝收腹

动作要领：坐于垫上，双腿屈膝抬起，脚离地，下背挺直，上背略微弓起，转动双肩带动手臂的移动，手接触身体两侧地面，目光跟随双手移动（见图6-2-20）。

图 6-2-19　　　　　　　　　　图 6-2-20

12.支撑侧提膝

动作要领：俯撑，双手与肩同宽，手肘微屈，身体保持一条直线，将一侧膝盖提至身侧，同侧手臂屈肘向该侧膝盖方向贴近，目光注视该侧手臂，略作停顿回到起始位置，做另一侧的提膝（见图6-2-21）。

13.西西里卷腹

动作要领：仰卧，屈膝，双脚踩实，双臂向上伸直，双手交叉握紧，缓慢卷起上半身，不可用手臂借力带起身体，卷腹时手臂竖直上举，用力举高，下背部始终贴紧地面（见图6-2-22）。

图 6-2-21　　　　　　　　　　图 6-2-22

14.单腿两头起

动作要领：平躺，手臂伸直放于头部两侧，腹肌发力起身，起身时腿与上身同时抬起，后背卷曲，手触碰小腿前侧，下放时保持全身紧张（见图6-2-23）。

15.仰卧风车

动作要领：仰卧，双臂打开贴紧地面固定上半身，双腿离地，扭转向一侧，双腿尽量绷紧伸直，勾起脚尖，左右来回旋转摆动（见图6-2-24）。

图 6-2-23　　　　　　　　图 6-2-24

三、下肢训练

1.深蹲

动作要领：自然站立，两脚分开与肩同宽，目视前方，脚尖外展30°左右，双腿下蹲，将髋部同时向后向下推，脚掌保持不动，下蹲至大腿与小腿小于90°，起立时，回到起始姿势（见图6-2-25）。

2.杠铃深蹲

动作要领：双脚比肩稍宽站立，脚尖与膝盖同方向，全程保持腰背挺直，双臂握住杠铃放于颈后，缓慢下蹲，从侧面看膝盖不要过分超过脚尖，蹲至大腿与地面平行，起身时脚趾抓地挺髋蹲起，重心始终位于脚底中部，腰腹背始终收紧（见图6-2-26）。

图 6-2-25　　　　　　　　图 6-2-26

3.波比深蹲

动作要领：双脚分开略宽于肩，下蹲至大腿与地面平行，躯干不要过度前倾，腰背挺直，双手交叉握于胸前，双手撑地的同时双脚后撤跳跃至俯卧状态（见图6-2-27），然后立即跳跃回到起始位置。

4.左右交叉弓箭步

动作要领：两脚分开，与肩同宽，一腿后伸，屈膝点地，另一腿自然弯曲，膝部位于中趾正上方，提臀，将身体重量分置于前脚掌与后脚前掌，上身挺直，然后站起（见图6-2-28）。

图 6-2-27   图 6-2-28

5.哈克深蹲

动作要领：双脚与肩同宽，脚尖与膝盖朝向一致，腰背挺直，双手正握杠铃，置于身后，拳心朝后，动作全程保持腰背挺直，从侧面看膝盖不要过分超过脚尖，蹲至大腿与地面平行，杠铃落地，起身时脚趾抓地挺髋蹲起，拉起杠铃，腰腹背始终收紧。

6.单腿深蹲

动作要领：以右腿为例，右腿单腿站立，双臂前平举至水平，掌心相对，右腿屈膝下蹲至最低点，膝盖与脚尖方向一致，同时背部尽可能挺直。下蹲过程中左腿始终保持伸直，蹲到底时左腿与地面平行，左脚全程不着地，略作停顿后，右腿发力站起。

7.保加利亚深蹲

动作要领：单脚站立，一只脚脚面搭在椅子边沿，双手叉腰尽可能放松，另一只腿屈膝下蹲，至大腿与地面平行，膝盖不超过脚尖，背部挺直（见图6-2-29），脚后跟发力站起，如果站不稳，可以扶着桌子或其他固定物。

8.提踵

动作要领：两脚分开与肩同宽，身体直立，用力收缩小腿肌肉，踮起脚尖，将身体抬高，而后身体下降回到站立姿势（见图6-2-30）。

9.杠铃硬拉

动作要领：双脚与肩同宽，杠铃贴近小腿前侧，肩部下沉向后收紧，下背部绷紧挺直，手肘窝贴近膝盖，双肩位于杠铃正上方。脚后跟蹬地带动拉起杠铃，杠铃过膝后收紧臀部站直身体，杠铃贴着大腿、小腿运动。拉起后，肩胛骨后缩，夹紧臀部。保持背部挺直，顺势下蹲将杠铃落至地面（见图6-2-31～图6-2-33）。

图 6-2-29

图 6-2-30

图 6-2-31

图 6-2-32

图 6-2-33

10.蛙跳

动作要领：两脚分开成半蹲姿势，上体稍前倾，两臂在体后成预备姿势。两腿用力蹬伸，充分伸直髋、膝、踝三个关节，同时两臂迅速前摆，身体向前上方跳起，然后用全脚掌落地屈膝缓冲，两臂摆成预备姿势（见图6-2-34）。

11.腘绳肌拉伸

动作要领：坐在地上，一条腿向前伸展，使脚尖朝上；另一只脚收起贴在直腿的大腿内侧，双臂前伸尝试触碰脚尖。保持背部平直，从髋部向前折叠身体（见图6-2-35）。

图 6-2-34

图 6-2-35

12.卧腿弯举

动作要领：脸朝下躺在练习器上，保持腿部伸直，辅助垫位于脚踝后侧，弯曲膝关节，举起辅助垫。到达最高点后缓慢反向移动，且在下降时不要使辅助垫重重撞击支撑架（见图6-2-36）。

13.铃弓步蹲

动作要领：将杠铃挎在双肩上，双手抓住杠铃，双腿前后分开站立，保持上半身与地面垂直。降低身体位置，直至后腿膝盖触地，但不要用力接触地面。保持背部挺直且与地面垂直，直至处于弓箭步姿势，然后绷直膝关节回到起始位置（见图6-2-37）。

图　6-2-36　　　　　　　　图　6-2-37

14.卷曲

动作要领：把脚踝放在安全的位置，在膝盖下方垫上垫子。双臂放在胸前，双手握紧拳头，保持身体直立。以膝盖为支点，身体前倾至几乎碰到地面。不要弯曲髋关节。用力收缩腘绳肌、臀肌和下背部肌肉，将身体拉回到起始姿势（见图6-2-38）。

图　6-2-38

15.羊挺身

动作要领：双手持一个哑铃，将其置于下巴下方或胸前。在动作最低点，髋部弯曲，使腘绳肌进行深度伸展，做出有爆发力的动作。在动作顶点挤压臀肌，然后继续抬高躯干，进入髋部超伸展（见图6-2-39）。

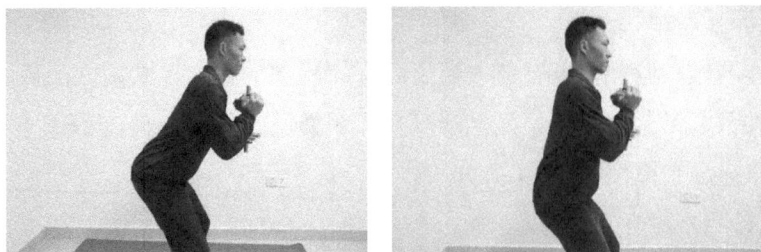

图 6-2-39

16.安式体前屈

动作要领：双手握住杠铃置于背部，身体直立，同时保持双脚相互平行，并保持其距离与肩同宽，将头部挺起，保持后背处于平直状态（见图6-2-40）。保持双腿静止不动，弯曲臀部，将躯干前移。微微弯曲双腿膝关节，躯干下移，直到身体上部几乎与地面平行（见图6-2-41）。将躯干抬起至初始位置，然后重复该组动作。

图 6-2-40

图 6-2-41

17.单腿硬拉

动作要领：以右腿为例，身体保持直立，微收腹，重心移到一侧，右腿微屈，左腿向后抬起，上身挺直并向前屈，使躯干与左腿保持在同一直线上，尽可能与地面平行，手自然下垂，手指伸直，还原时躯干与左腿迅速还原到初始位置，动作全程保持腰背挺直（见图6-2-42）。

图 6-2-42

第三节　速度训练

1.冲刺跑

动作要领：采用跪姿或立姿起跑，冲刺的距离约为30～50 m，要求以最快的速度完成。

2.高抬腿

动作要领：上身保持挺直，两脚交替抬高至水平，两臂自然前后摆动。要求频率快，摆臂协调。

3.登山跑

动作要领：双手手掌着地，手指向前，与肩同宽，双腿并拢向后伸直，脚尖着地保持平衡。保持肩部、髋部、膝盖和脚在一条直线上。利用腿部肌肉带动单脚膝盖抬起，向前尽力靠近胸部。而后往后放下，并换另一只脚抬起，重复动作。

4.箭步蹲跳

动作要领：以弓步姿势开始，上半身与地面垂直，下蹲至双膝均呈90°，后侧腿膝盖不着地。双手用力上摆来帮助身体起跳，在空中迅速换腿，落地下蹲至双膝均呈90°角，双腿连续交替进行蹲跳。

5.防守对抗训练

动作要领：两人配合，戴上拳套，用各种动作攻击，训练者不可后退，只可在原地以各种躲闪格挡动作化解攻击。

6.快速转髋跳跃训练

动作要领：跳跃的同时下肢快速转髋，在地面短暂停留后继续跳跃，肩膀在同一水平面上向前移。

7.模拟对抗训练

动作要领：两人进行实战模拟对抗，使用各种搏击技巧进攻。

8.打墙训练

动作要领：双脚以前脚掌支撑站立，以45°～60°角靠向墙，用双臂支撑身体。保持身体直立和收紧，抬高一侧大腿，大致平行于地面，脚踝锁定为背屈姿势，听口令"打"，抬起一侧小腿，保持平行于支撑腿的角度。

9.站姿摆臂训练

动作要领：双脚与肩同宽，双臂在身体两侧呈90°，像跑步冲刺动作那样摆动双臂，手在身体的前面向上摆到大约与肩同高，并在身体后面经过臀部，双手放松。每只手臂应该作为一个整体移动，肘部弯曲约为90°。手臂在向前和向后的动作过程中不应越过身体的中线。

10.蹬踏训练

动作要领：用较小的步子慢跑，用前脚掌着地并蹬地，尽量减少地面接触时间，并使脚与地面的接触面积最大化。强调与地面接触的跖屈阶段和小腿的还原。脚与地面接触的动作要静，但快速。提高脚步速度和踝关节的弹力。

11.拉重滑车训练

动作要领：给自己绑上负重的滑车，然后在17～18 m的加速跑中拖动它。强调爆发式启动和加速技巧。建议发育成熟的训练者执行该训练不要超过自身体重的30%。

12.阻力跑训练

动作要领：利用弹力带等物品，在跑步时，后方同伴用手拉住弹力带适当增加阻力来提高训练效果。

13.前抛实心球

动作要领：用跪姿开始，将实心球放在身体前方，保持肩部略微拉长（向后），挺胸并保持收紧的姿势，肩部在实心球前面一点。双臂完全伸直和放松，通过快速伸展髋部和躯干，将实心球抛到尽量远的地方，完成时采用俯卧撑姿势。

14.沙地跑

动作要领：在松软的沙土上练习冲刺能进行良好的阻力训练，还可以在运动环境中提供更强的肌肉本体知觉。

第四节　耐力训练

1.持续跑

动作要领：持续时间不少于30 min，无间歇，保持呼吸平稳有序，负荷强度控制在平均心率140~160次/min，能力较强者可控制在160~170次/min。

2.反复跑

动作要领：反复跑是固定距离反复进行练习的训练方法。跑的速度、距离和重复次数、强度等，可以根据自身水平和能力来确定。可以采用150 m、300 m、400 m、600 m等多种距离进行重复训练。训练时要控制住强度和间歇时间。

3.法特莱克跑

动作要领：法特莱克跑是一种没有固定模式的跑法，在中等强度和高等强度之间随意转换。比如，持续慢跑2~3 min，中速跑100 m，接着持续跑2~3 min，再用中上速度跑50 m（上坡），并持续快跑200 m直到结束。

4.间歇跑

动作要领：一次练习的负荷时间至少在5 min以上，负荷强度中等（控制在平均心率160次/min左右），每组间歇时要在身体尚未完全恢复时就进入下一次练习，一般以心率下降至120次/min为确定间歇时间的依据。整个训练的持续时间至少保持30 min以上。

5.定时跑

动作要领：在固定时间内不计算跑的距离，可采用10 min、15 min、20 min甚至30 min等多种时间。如果练习时间长，强度可相对减弱；练习时间短，强度可相对大一些。85%~95%的强度有利于发展无氧耐力，85%以下的强度可发展有氧耐力。

6.越野跑

动作要领：越野跑是在野外自然环境中进行的一种中长距离的赛跑。没有固定的距离，也不受场地器材的限制，每次练习或比赛都是按当时当地的自然环境条件选择路线，决定起点和终点。

7.一分钟立卧撑

动作要领：由直立姿势开始，下蹲双手撑地，伸直腿呈俯撑，然后收腿呈蹲撑，再还原成直立姿势，可适当负重。

8.连续半蹲跑

呈半蹲姿势，大小腿呈100°左右，向前跑50~70 m，重复5~7次，每组间歇3～5 min。

9.跳台阶

动作要领：上体正直，双手叉腰，可双腿交替上下跳，也可选择两条腿同时跳上跳下，还可以选择单腿跳，即一条腿跳上跳下。持续3～5 min。

10.亚索800训练法

动作要领：在一个专业的运动场地中，按照一定速度进行间歇跑，长度为800 m。建议每周1次，一组5次。

11.沙地竞走

动作要领：在沙滩或沙地上竞走，每组500～1 000 m，做5～10组，组间歇3 min。

第五节　灵敏训练

1.10 m×5往返跑

动作要领：练习者位于起点线后，听到"出发"信号后，跑向折返线，并用脚踩踏或踩过折返线，然后跑回并用脚触及起点线。共往返5次，实际距离为100 m。

2.10 m×5绕杆往返跑

动作要领：练习者（以左脚在前为例）左脚站在起点线后呈站立式起跑姿势，听到"出发"信号后，两脚快速蹬地向前跑进，身体重心比短跑要低。离第一标志杆外侧20～30 cm时，身体迅速侧扭转，顺势绕过第一标志杆。按第一标志杆动作要领依次绕过每一根标志杆，直至绕过10 m处的最后一根标志杆后折返。连续5次往返。

3.20 m×5持枪绕杆屈身往返跑

动作要领：练习者（以左脚在前、右手持枪为例）左脚站在起点线后呈站立式起跑姿势，右手持枪（枪背带抓握于手中），自然下垂。听到"出发"信号后，两脚快速蹬地，身体重心稳定，屈身跑进（低于1.4 m）离第一标志杆20～30 cm时，身体迅速侧扭转，脚前跨绕过第一标志杆，按第一标志杆动作要领依次绕过每一根标志杆，直至绕过20 m处的最后一根标志杆后折返。连续5次往返。

4.T形跑法

动作要领：练习者位于起跑线，听到"出发"信号后，向前冲刺10 m，向右滑步10 m，并用手触摸标志物，而后向左滑步20 m，再滑步回到正中间，并用后撤步越过起跑线。

5.30 m×2蛇形跑

动作要领：屈腿开立，上体前倾，用力蹬地，迅速摆臂，s形跑步前进。

6.绳梯前进小碎步

动作要领：前脚掌着地，每步落在小方格以内，要求轻快、节奏感强，脚踝有弹性。

7.绳梯横向小滑步

动作要领：身体横向站立，两脚平行滑动，依次落入小方格内。轻盈快速，保持前脚掌着地。

8.绳梯前前后后

动作要领：身体横向站立，两脚依次踏入小方格内，再依次踏出小方格。

9.绳梯两进两出

动作要领：一脚先进，另一脚再进，同时横向滑动一格。接着，一脚先出，另一脚再出，同时在外横向活动一格。要求轻快、流畅。

10.绳梯外内外

动作要领：双脚从绳梯外开始，两脚从左向右，横向依次进方格内，再依次踏出方格。反向同理。

11.绳梯蝎子摆尾

动作要领：后脚向前踏进方格，前脚跟进横向甩出方格侧后方。

12.小跨栏纵向左右快速移动练习

动作要领：一只脚落在小跨栏之间，而后迅速移动至小跨栏一侧，向后一个小跨栏前进，同时另一只脚落在小跨栏之间，迅速将脚移动至小跨栏另一侧，交替进行，轻快灵活。

13.小跨栏侧身小步跑

动作要领：身体侧向站立，两脚依次踏入两小跨栏之间，再依次踏出两小跨栏。

14.小跨栏横向跳跑动

动作要领：在场地上依次摆三个小跨栏，每次横向跳跨两个障碍，单脚着地来回进行6次，然后跨障碍跑到相反方向后进行同样的步骤。

15.快速膝关节交叉跳

动作要领：在场地上依次摆两个小跨栏，身体侧向站立在障碍物一边，当一只脚落在障碍物之间时，另一只脚迅速落在障碍物的另一边。

16.M形标志盘训练

动作要领：用四个标志盘组成一个方形，然后在中间放一个。从底部的一个标志盘开始，做个M形，冲刺5 m，后退到中间，再冲刺向下一个，最后后退5 m完成训练。

17. L形标志盘训练

动作要领：将三个标志盘组成一个L形，彼此相距3 m，从中间的标志盘开始，侧滑步到一边，然后再回到中间，最后向前冲刺到身前的标志盘。

第七章

军事训练后的放松活动

进行军事训练以后，人体由剧烈的运动状态转为安静状态，身体各器官机能需要有一个逐渐缓和的过程，同时由于军事训练中存在强负荷刺激，可能使身体产生疲劳酸痛或者其他现象。因此，高效的放松活动是必不可少的，这样能更快地促进训练部位的恢复调整，减缓训练疲劳，避免运动损伤。

下面介绍几种常用的放松活动。

第一节　静态拉伸

训练后的静态拉伸，是以比较温和而缓慢的动作，来使进行训练的部位的肌肉伸展到某个固定姿势，同时保持20～40 s。这样可以帮助我们很好地拉伸肌肉、提高关节活动幅度、增强神经肌肉、维持良好肌肉长度、加速身体运动后的恢复。

一、肩颈部拉伸

1.颈部侧屈（主要拉伸斜方肌）

动作要领：双臂自然悬垂于身体两侧，双脚打开与肩同宽，放松肩胛带上的斜方肌。而后，侧屈颈部使头倾向另一侧，两眼直视前方，找到用耳朵去触碰肩部的感觉（见图7-1-1），能够感受到斜方肌的拉伸及其产生的肌肉不适，保持动作20～40 s。重复动作拉伸另一侧。

图 7-1-1

2.颈部弯曲和旋转（主要拉伸肩胛提肌）

动作要领：以坐姿或者站立保持脊柱挺直，双臂自然悬垂于身体两侧，同时保持肩部的放松。而后，转动脖子于一侧至少45°以上，放低下巴，找到下巴触及胸部的感觉（见图7-1-2、图7-1-3），保持动作20～40 s。重复动作拉伸另一侧。

图 7-1-2

图 7-1-3

3.助力颈部弯曲（主要拉伸头夹肌）

动作要领：自然站立保持背部挺直，双脚略与肩宽，双手置于头部后方。而后，将头前伸，找到在手的助力下下巴触及胸部的感觉（见图7-1-4），感受后颈部的拉伸，保持动作20～40 s。

图 7-1-4

4.手臂前置后拉（主要拉伸三角肌）

动作要领：双脚打开与肩同宽，背部挺直自然站立，双眼目视前方，将一手臂伸直置于胸部前方，另一手臂扣住置于胸前的手臂。而后，用弯曲手臂尽可能将胸前手臂拉直贴紧胸部，双脚始终保持固定（见图7-1-5），保持最大拉伸力度20～40 s。重复动作拉伸另一侧。

5.前侧手臂后拉（主要拉伸三角肌）

动作要领：双脚打开与肩同宽，背部挺直自然站立，双手后扣于背后。而后，通过将肩部向后向上抬起，使双手抬起（见图7-1-6），保持最大限度20～40 s。

图 7-1-5

图 7-1-6

二、上肢胸部拉伸

1.后背勾手（主要拉伸肱三头肌）

动作要领：双脚打开与肩同宽，一臂抬起，另一手臂置于身体一侧。而后，弯曲双肘，在后背扣勾（见图7-1-7），可以拉动增加拉伸的张力感觉，保持动作20～40 s。重复动作拉伸另一侧。

2.扭曲墙壁支撑（主要拉伸肱二头肌）

动作要领：侧身站于墙壁旁，靠近墙壁一侧的脚置于前处，此侧手掌放于身体斜后侧墙壁处，手掌稍低于肩部。而后，伸直肘部，固定手掌的位置，略微转动肩部远离支撑点，找到手臂拉伸的感觉（见图7-1-8），保持动作20～40 s。重复动作拉伸另一侧。

图 7-1-7

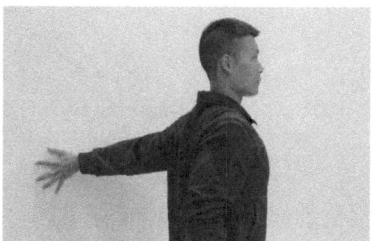

图 7-1-8

3.双手抱头（主要拉伸胸大肌）

动作要领：双脚打开与肩同宽，背部挺直自然站立，双手抱于后脑勺处。而后，缓缓将双肘后移，找到胸大肌拉伸的感觉，保持张力20～40 s（见图7-1-9）。

4.屈肘支撑（主要拉伸胸大肌）

动作要领：侧身站于墙壁旁，小臂与手掌贴于墙面，五指朝上，肘部与肩同高，靠近墙壁处脚置于前侧成弓步。而后，将上半身前移并向无墙处扭转，在转动的过程中感受胸部拉伸（见图7-1-10），保持动作20～40 s。重复动作拉伸另一侧。

图 7-1-9　　　　　　　　　　图 7-1-10

三、背部拉伸

1.穆罕默德姿势（主要拉伸背阔肌）

动作要领：以跪姿跪于垫子上，上身下压，坐于臀部，双手前伸置于垫子上。而后，双手使劲向前滑去，始终保持肘部伸直，将头置于双臂之前，找到背部和肋骨拉伸的感觉，保持动作20～40 s（见图7-1-11）。

图 7-1-11

2.手臂前伸（主要拉伸斜方肌）

动作要领：双脚张开与肩同宽站立，一只手覆于另一只手上，手臂内旋向前伸出。而后，保持双手不分开，向前拉伸双臂，双脚固定，头部前倾，胸部下压，找到后背张力的感觉，保持动作20～40 s（见图7-1-12）。

3.举手过头（主要拉伸前锯肌）

动作要领：双手前伸交叉，手肘伸直，五指相扣，大拇指朝下，两腿打开与肩同宽自然站立，膝盖微屈。而后，双手于身体前侧正直举过头顶，找到张力最大的感觉。双手在头顶上方时，手肘微屈，保持动作20～40 s（见图7-1-13）。

图　7-1-12

图　7-1-13

四、腹腰部拉伸

1.眼镜蛇姿势（主要拉伸腹直肌）

动作要领：身体趴于地面，双手撑起身体，即伏地起身姿势，双腿伸直，踝关节跖屈。而后，缓缓伸直双手，上半身保持放松，胸部离开地面，下半身贴于地面，在撑起过程中臀部开始与地面分离，保持动作20～40 s（见图7-1-14）。

图　7-1-14

2.上身侧屈（主要拉伸腹斜肌）

动作要领：双脚与肩同宽，背部挺直站立，双臂自然悬垂于身体两侧。而后将上半身倾斜屈曲，手掌置于膝关节外侧，同时双腿始终伸直，找到侧边拉伸的感觉（见图7-1-15），保持动作20～40 s。重复动作拉伸另一侧。

3.坐式手臂前伸（主要拉伸腰方肌）

动作要领：双腿自然并拢伸直坐于地面上，双手自然前伸，后背挺直。而后，弯曲上身尝试用手指触及双脚脚尖位置，保持下半身位置不挪动，可以适当微屈膝盖（见图7-1-16），保持动作20～40 s。

图　7-1-15　　　　　　　　　　　图　7-1-16

五、下身拉伸

1.站立腿部拉伸（主要拉伸内收肌群）

动作要领：双腿打开略宽于肩自然站立，被拉伸侧手置于该侧腰间，另一侧手置于该侧大腿上以保持身体稳定。而后，弯曲不被拉伸侧的膝盖，降低重心，并且身体朝向该侧移动（见图7-1-17），保持动作20～40 s。重复动作拉伸另一侧。

2.坐姿V形拉伸（主要拉伸内收肌群）

动作要领：坐于地上，上半身放松，两腿打开，双手置于左右腿膝盖处。而后，借助双手外推之力，将双腿尽可能大地往外打开，同时上半身前倾（见图7-1-18），保持动作20～40 s。

图　7-1-17　　　　　　　　　　　图　7-1-18

3.坐式交叉腿（主要拉伸梨状肌）

动作要领：坐于地上，一只腿伸直向前，另一只腿弯曲并将脚掌置于伸直腿膝盖内侧往上，伸直腿侧的手扶住弯曲腿。而后，抬起弯曲腿的脚掌，并将弯曲腿的膝盖下压，推向地面，可以明显感觉到臀部后侧的拉伸（见图7-1-19），保持动作20～40 s。重复动作拉伸另一侧。

4.双边跪膝（主要拉伸股四头肌）

动作要领：跪于地上，上半身后仰，双手撑于地面，与地面保持垂直，五指朝前。而后，通过弯曲膝盖，将上半身慢慢放低，尽量尝试用肘部触碰地面，可以明显感觉到大腿前侧的拉伸（见图7-1-20），保持动作20～40 s。

图　7-1-19

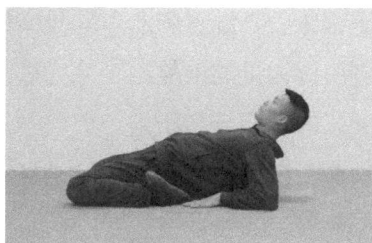
图　7-1-20

5.双边坐式（主要拉伸股二头肌）

动作要领：坐于地上，双腿并拢伸直，上半身保持正直，与地面垂直，双手扶于双腿处。而后，将上半身前倾，双手尽量前够，触及双脚，可以明显感受到大腿背部的拉伸（见图7-1-21），保持动作20～40 s。

6.双边倒V形（主要拉伸股二头肌）

动作要领：双脚打开与肩同宽，背部挺直自然站立。而后，向前弯曲上半身，手臂伸直，尝试用手去触碰地面，如果感觉不明显，可以缩短双脚间距离或者用拳掌触碰地面（见图7-1-22），保持动作20～40 s。

图　7-1-21

图　7-1-22

7.坐式双手牵拉（主要拉伸比目鱼肌）

动作要领：坐于地面，一只腿向前伸直，另一只腿屈膝，脚掌着地，双手置于屈膝腿的脚踝处。而后，抓住屈膝腿脚掌的前部，向上向后牵拉（见图7-1-23），此时注意脚后跟保持着地，保持动作20～40 s。

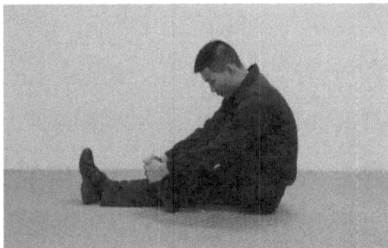

图 7-1-23

第二节　按摩放松

军事训练后，针对刺激后的肌肉群进行按摩，可以有效缓解肌肉酸痛，更好地促进肌肉力量的恢复。训练完后的肌肉通常会变得紧张，除去拉伸，按摩可以给紧张的肌肉施加压力，放松紧绷的肌肉及关节，进而提高身体灵活性。同时，按摩可以促进人体的血液循环，快速恢复体力。在此，介绍几种常见的按摩手法。

1.按

动作要领：四指自然并拢，可适当分开，大拇指伸出，在需要放松的部位，四指贴于无须放松之处，用大拇指指肚位置旋转式地按揉或者有节奏地按压。也可以使用手掌掌根部位进行按压。

2.捏

动作要领：五指放松于自然状态，在需要放松的部位，利用小臂和手指的力量进行收缩运动，即对称挤压，主要利用五指的指力来对肌肉进行放松。

3.揉

动作要领：放松手腕，以手肘为支撑点，利用手臂的力量带动手腕和手掌进行旋转运动，将力通过手指作用于需要放松的部位，此时，手指也要注意揉动。

4.摩

动作要领：五指自然张开，手腕发力，利用手指或者手掌在需要按摩放松的部位进行柔和的来回摩擦。摩擦的力度要适当，不可过大或者过小。

5.推

动作要领：五指自然张开，手腕发力，利用手指或者手掌在需要放松的部位，向前、向上或者向外推挤肌肉。

6.掐

动作要领：利用大拇指和食指对需要按摩的部位进行压掐。注意掌握力度的大小，要以具体部位或者被按摩者的忍受程度来确定。

7.滚

动作要领：利用手背靠近小拇指根部的位置，通过手腕的伸曲和前小臂的旋转，有节奏地协调地来回滚动放松。

8.敲捶

动作要领：五指自然握拳，处于放松状态，在需要放松的部位，利用拳面进行有节奏的敲打或者利用拳轮进行捶打，力度以被放松者感觉适宜即可。

9.拍打

动作要领：利用手掌（五指可以并拢也可分开）对需要按摩的部位，通过手腕的伸曲，进行有节奏的拍打，注意拍打的力度。

10.扳法

动作要领：五指握曲成"C"形，捏住需要按摩的关节部位，缓慢柔和地进行来回扳动，注意要掌握好力度，避免扳动力度过大。

注意事项：按摩时必须循序渐进、精准到位、由简入繁，这样才能达到良好的效果。同时按摩手法必须准确，按摩力道要根据实际情况来掌握，即按摩部位和被按摩者自身的忍受程度。

第三节 泡沫轴放松

泡沫轴放松是自我筋膜放松的一种方式。泡沫轴分为多种类型，一种是表面带有凸起的泡沫轴，一种是表面平滑的泡沫轴，此种又可根据密度分为低、中、高三种密度，密度越高，硬度越大。在使用泡沫轴进行放松时，个人要根据自己的训练情况以及能够忍受的疼痛程度，来选择不同类型的泡沫轴。下面介绍几种常见的泡沫轴放松方法。

1.颈部、肩部的放松

动作要领：仰卧屈膝，双脚置于地面之上，双手置于身体的两侧，将泡沫轴放于肩部，下背部贴于地面。而后，缓慢柔和地将头转向左（右）侧然后慢慢恢复转回，在转向时吸气，恢复时吐气（见图7-3-1、图7-3-2）。

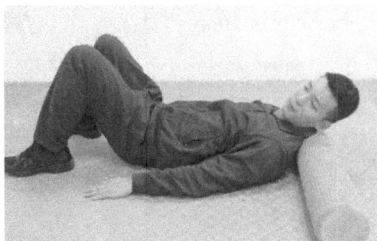 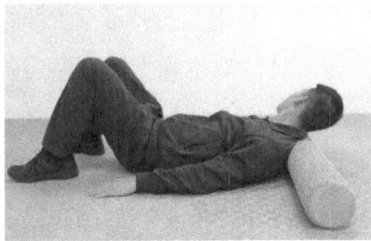

图　7-3-1　　　　　　　　　　图　7-3-2

2.肱二头肌的放松

动作要领：俯卧于地面，一手将上半身胸部撑起离地，伸出需要放松的手臂，将泡沫轴置于手臂之下，在泡沫轴上将手臂来回侧向滚动（见图7-3-3），可以在酸痛的部位适当施加压力，持续60 s左右。重复动作放松另一侧。

3.背阔肌的放松

动作要领：身体侧躺于地面之上，手臂沿地面向前伸直，将泡沫轴置于腋窝处，把身体沿着泡沫轴慢慢前后移动（见图7-3-4），可以在酸痛的部位适当施加压力，持续60 s左右。重复动作放松另一侧。

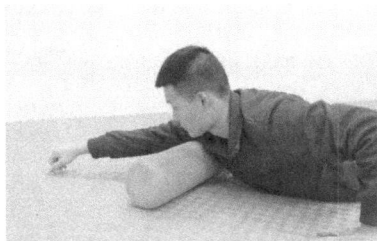 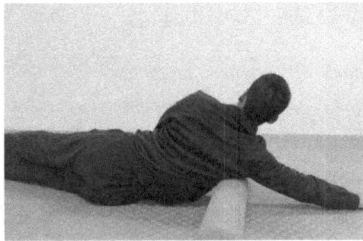

图　7-3-3　　　　　　　　　　图　7-3-4

4.上背部肌肉的放松

动作要领：将泡沫轴垫于背部之下，上半身保持正直，屈膝，双手抱于或者扶于后头部左右两侧。开始滚压时，将髋部微微抬离地面，通过大腿使身体上移，让泡沫轴在下背部和颈部之间滚动（见图7-3-5），可以在酸痛的部位适当施加压力，持续60 s左右。

5.胸大肌的放松

动作要领：俯卧于地面，将一手向斜前侧伸出，另一只手将上胸部撑起微微离地，将泡沫轴置于肩部下胸大肌处，使泡沫轴与肩部上端呈45°，将身体重量前移压于泡沫轴上，来回移动（见图7-3-6），滚压一侧的手臂要放松，可以在酸痛的部位适当施加压力，持续60 s左右。重复动作放松另一侧。

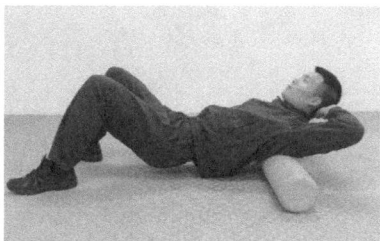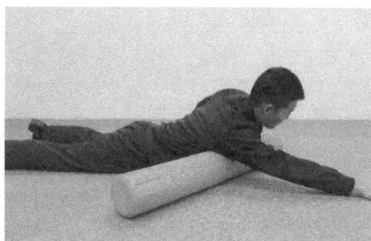

图 7-3-5 图 7-3-6

6.臀肌的放松

动作要领：将身体臀部一侧坐于泡沫轴上，滚压侧的腿在身体前侧自然伸出放松，一只手臂在后侧靠近髋部撑起身体保持平衡，另一侧腿屈膝置于地面，此侧手臂扶于膝盖，将臀部在泡沫轴上前后移动（见图7-3-7），可以在酸痛的部位适当施加压力，持续60 s左右。重复动作放松另一侧。

7.腘绳肌的放松

动作要领：将泡沫轴置于大腿后侧膝盖下，双腿可以同时进行，也可以一次滚压一只腿。双手置于髋部两侧，撑起髋部，将身体前后移动，使泡沫轴在膝盖和髋部间移动（见图7-3-8），此时双手可以跟着移动，可以在酸痛的部位适当施加压力，持续60 s左右。

图 7-3-7 图 7-3-8

8.股四头肌的放松

动作要领：以平板支撑的姿势撑于地面，将泡沫轴置于膝盖上方，双腿可以同时进行，也可以一次滚压一只腿。利用手肘将身体移动，使泡沫轴在膝盖和髋部之间来回移动（见图7-3-9、图7-3-10），此时手肘可以移动以获得最大效果，可以在酸痛的部位适当施加压力，持续动作60 s左右。

图 7-3-9

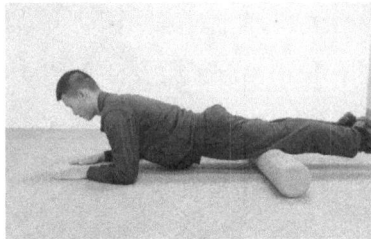

图 7-3-10

9.大腿内侧的放松

动作要领：侧躺于地面，将放松腿伸出，可以伸直也可适当弯曲，将泡沫轴放于大腿之下，缓慢轻柔地将大腿在泡沫轴上来回滚动（见图7-3-11），可以在酸痛的部位适当施加压力，持续动作60 s左右。

10.小腿肌肉的放松

动作要领：坐于地面，一腿弯曲，一腿伸直，将泡沫轴横放于直腿的小腿肌肉下，缓慢将泡沫轴在膝盖和脚踝处来回滚动（见图7-3-12），可以在酸痛的部位适当施加压力，持续动作60 s左右。

图 7-3-11

图 7-3-12

11.足弓的放松

动作要领：坐于椅子上，将两脚放于泡沫轴上，缓慢地将泡沫轴在脚掌之间来回滚动，按摩足弓和足底（见图7-3-13），可以在酸痛的部位适当施加压力，持续动作60 s左右。

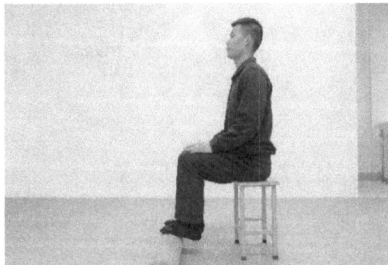

图 7-3-13

第四节　其他方式

以上是在军事训练后比较常用的放松方法，下面介绍几种其他放松方法。

1.筋膜枪

筋膜枪是利用肌肉共振的原理对深层肌肉进行冲击和振动。在使用筋膜枪的时候一定要按照肌肉的走向去移动，每次移动的距离要小一点。筋膜枪可以在腿部、肩部、手臂、背部等部位使用，每个部位的时间不要超过5 min。而颈椎、脊柱等部位则不能使用筋膜枪，避免造成损伤。

2.液氮

在一个狭小的、顶部敞开的罐状舱体中，用液氮维持−100 ℃的超低温，放松者将身体暴露在这样的环境中2～4 min，可以在一定程度上缓解肌肉酸痛。但如果保护措施准备不够充分，皮肤、眼睛会有被液氮冻伤的可能；而液氮如果过量汽化，会挤占空气中的氧含量，造成缺氧窒息。

3.中频理疗

以电流作用于骨骼肌细胞，导致膜内外电位发生改变，骨骼肌间断进行收缩及舒张，可以促进肌肉内代谢产物及时排出，恢复骨骼肌的顺应性。电流还可以使血管收缩、舒张，促进血液循环及淋巴循环，进而达到放松的效果。

4.热水浴

热水浴能促进代谢，消除疲劳。热水浴能提高神经系统的兴奋性，导致血管扩张，促进血液循环，改善组织和器官的营养状态。同时，还可以降低肌肉张力，解除肌肉痉挛，使肌肉放松，以消除疲劳。血液中的乳酸含量是疲劳的标志，人体在运动后，血液中的乳酸含量增加，人就会产生疲劳感。洗热水浴可以加快新陈代谢，提高机体分解乳酸的速度。

5.心理放松

使用心理放松（例如听音乐），当进入放松状态时，交感神经活动功能降低，表现为全身骨骼肌张力下降即肌肉放松，呼吸频率和心率减慢，血压下降，并有四肢温暖、头脑清醒、心情轻松愉快、全身舒适的感觉。同时加强了副交感神经系统的活动功能，促进合成代谢以及有关激素的分泌，起到放松的效果。

6.红外线桑拿

红外线桑拿疗法是通过平衡身体的皮质醇水平来促进放松的。皮质醇是身体的主要压力荷尔蒙。桑拿产生的热量有助于放松肌肉，缓解全身紧张。同时红外线可以增加血液循环和促进肌肉放松。

7.高压氧

高压氧是指身体在高气压的环境中所呼吸的与环境等压的纯氧或高浓度氧，可以收缩血管，改善身体的微循环，达到放松的效果。

第八章

军事训练伤的急救

军事训练过程中，各种各样的训练伤、意外伤都有可能发生。急性损伤的特点是发病急、病程短、病理变化和临床症状明显。

急救时必须救命在先，做好休克和止血的防治，力求迅速、准确、有效地处理。在训练现场一旦发现伤病，立刻进行合适的、科学的急救处理。针对不同损伤，选择最优急救方法，力争达到最好的治疗效果。

第一节　军事训练伤的现场急救

军事训练伤的现场急救指在训练过程中，对发生意外伤害的受伤者实施及时、有效的急救措施。其目的是挽救生命，在第一时间控制伤情，减少伤残和疼痛，为进一步救治奠定基础。

急救的目的是救命在先，有休克的，先抢救休克；有大出血的，先止血。急救必须分秒必争，力求迅速、准确、有效地处理。急救是否及时、正确，直接影响到伤者的生命安全和今后的治疗效果。

现场急救处理的主要任务是抢救生命、减少伤者疼痛、预防伤情加重和并发症，正确而迅速地把伤病员转送到医院。

1.初步诊断

训练或比武过程中出现损伤后，要先了解伤情，确定损伤的性质、部位、范围等，再对损伤部位进行进一步的重点检查，如有无大出血、有无脊柱或四肢损伤。

2.初步急救

根据初步诊断，对伤者进行迅速、准确、及时的处理。按"胸—腹—脑—脊柱—四肢"顺序，先救命再治伤。

（1）检查伤者的生命体征。立刻检查伤者呼吸、心跳、脉搏情况。如有呼吸心跳停止，应就地立刻进行心脏胸外按压和人工呼吸。

（2）止血和固定。有创伤、大出血的伤者，应迅速止血。严重的出血，可用加压包扎、使用止血带或指压止血等方法。有骨折者，用木板、夹板等进行临时固定，保护好受伤部位，严防骨折端刺伤周围的血管和神经。

如有腹腔脏器脱出或颅脑组织膨出，可用消毒纱布或干净毛巾、软布等加以保护。神志昏迷者，在未明了病因前，应注意其心跳、呼吸、两侧瞳孔大小。有舌后坠者，应将其舌头拉出或用别针穿刺固定在口外，防止窒息。

（3）迅速而正确地转运。按不同的伤情和病情，按轻重缓急选择适当的工具进行转运。运送途中随时注意伤者病情变化，选择合适的医院。

就地抢救是在保证维持伤者生命的前提下进行的，应抓主要矛盾，分清主次，有条不紊，切忌忙乱，以免延误救治，丧失有利时机。

第二节　军事训练伤的急救方法

一、急救包扎法

包扎是损伤现场应急处理的重要措施之一。及时、正确的包扎，可以达到压迫止血、减少感染、保护伤口、减少疼痛，以及固定敷料和夹板等目的；相反，错误的包扎可导致出血增加、加重感染、造成新的伤害、遗留后遗症等不良后果。包扎器材主要有绷带、三角巾、尼龙网套等，紧急条件下，干净的毛巾、头巾、手帕、衣服等可作为临时的包扎材料。

（一）绷带包扎

1.绷带种类

（1）简单绷带。简单绷带由纱布或棉布制成，适用于四肢、头部及胸腹部包扎固定。

（2）特殊绷带。特殊绷带是按部位和形状而制成的各种形状的绷带，周边有布条，以便打结固定，如跟绷带、背腰绷带、前胸绷带、腹绷带等。特殊绷带多在四肢和关节部位用于固定。

（3）运动防护型绷带。运动防护型绷带主要用于体育运动保护、医用包扎、医用固定等，绷带上有医用胶水，使绷带固定不容易脱落，有强劲的弹性和伸缩性。

2.注意事项

（1）绷带包扎的松紧要适度。过松容易滑脱，过紧将阻碍肢体血液循环。如包扎后伤肢远端出现皮肤苍白或麻木现象，表明血液循环不佳。绷带外层一旦被渗液浸湿，应及时更换。

（2）在急救现场，不能只顾包扎表面看得到的伤口而忽略其他内在的损伤。

3.常用绷带包扎法

（1）环形包扎法。环形包扎法用于躯干、肢体等没有粗细变化的部位，如手腕、胸部、额部等，亦用于各种包扎起始时。包扎时绷带卷向上，用右手握住，将绷带展开，左手拇指将绷带头端固定于需包扎部位，右手连续环形包扎局部，圈数按需要而定，用胶布或别针固定绷带末端。

（2）螺旋形包扎法。螺旋形包扎法用于肢体粗细变化较小的部位，如上臂、手指等。包扎时从远端开始先环形包扎两圈，再向近端呈30°角螺旋形缠绕，每圈重叠前一圈2/3，末端用胶布固定。在急救缺乏绷带或暂时固定夹板时每圈绷带不互相掩盖，又叫蛇形包扎法。

（3）螺旋反折包扎法。螺旋反折包扎法用于肢体有明显粗细变化的部位，如前臂、小腿、大腿等。包扎时先做两圈环形包扎，再做螺旋包扎，然后以一手拇指按住圈带上面正中处，另一手将圈带自该点反向下，盖住前圈1/3或2/3。每一次反折须整齐排列成一线，但每次反折不应在伤口与骨隆突处。

（4）"8"字形包扎法。"8"字形包扎法用于膝、肘、踝、肩等关节部位的包扎和固定锁骨骨折。以肘关节为例，先在关节中部环形包扎2圈，绷带先绕至关节上方，再经屈侧绕到关节下方，过肢体背侧绕至屈侧后再绕到关节上方，如此反复，呈"8"字形连续在关节上下包扎，每圈与前一圈重叠2/3，最后在关节上方环形包扎2圈，用胶布固定。

（二）三角巾包扎

三角巾是边长为1 m的方块布（已消毒），对角剪开。三角巾操作简单，使用方便，包扎面积大，可用于全身多个部位的止血和包扎。

包扎时伤口封闭要严密，防止污染伤口，松紧适宜，固定牢靠，敷料盖准后不要移动。要求动作快、轻，不要碰撞伤口。

要点：边要固定，角要拉紧，中心伸展；敷料贴紧，包扎贴实，打结要牢，防止滑脱。

1.手足三角巾包扎法

将三角巾展开，将受伤的手掌（足）平放在三角巾的中央，手指（脚趾）尖对向三角巾的顶角；将三角巾顶角折起，盖在伤者手背（足背）上面，顶角达到腕关节（踝关节）以上；将三角巾两底角折起到伤者手臂（足背）交叉，再围绕手腕（踝部）一圈后打结。

2.头部三角巾包扎法

将三角巾底边的中点放在伤者眉间上部，顶角经头顶垂向枕后，再将底边经左右耳后拉紧，在枕部交叉，并压住垂下的枕角，再交叉绕耳上到额部拉紧打结。最后将顶角向上反掖在底边内，或用安全针或胶布固定。

3.肩部三角巾包扎法

一侧肩部外伤时，将燕尾三角巾的夹角对着伤侧颈部，巾体紧压在伤口的敷料上，燕尾底部绕上臂根部打结，然后两个燕尾角分别经胸、背拉到对侧腋下打结固定。

4.三角巾悬臂带包扎法

（1）大悬臂带包扎法。前臂屈曲用三角巾悬吊于胸前叫大悬臂带包扎，用于前臂、手（腕、掌、指）损伤和骨折的急救。将三角巾放于健侧胸部，底边和躯干平行，上端越过肩部，顶角对着伤臂的肘部，伤臂弯成直角放在三角巾中部，下端绕过伤臂反折越过伤侧肩部，两端在颈后或侧方打结，再将顶角折回，用别针固定。

（2）小悬臂带包扎法。将三角巾折成带状吊起前臂的前部（不要托肘部），适用于肩关节损伤、锁骨和肱骨骨折。

二、出血的急救方法

出血指血液从血管或心脏流至组织间隙、体腔内或体外的现象。出血对机体的影响取决于出血量、出血速度和出血部位。出血量少于循环血量10%，对人体没有明显影响。如在短时间内丧失循环血量的20%～25%时，可引起急性贫血，丧失血量的30%以上时，会发生出血性休克，甚至危及生命。发生在重要器官的出血，即使出血量不多，亦可致命，如心脏破裂引起心包内出血，心包填塞可导致急性心功能不全；脑出血，尤其是脑干出血，可因重要神经中枢受压致死。局部的出血可导致相应的功能障碍，如脑内囊出血引起对侧肢体偏瘫，视网膜出血引起视力减退或失明。慢性出血可引起贫血。

当人体受伤发生出血时，要视出血的情形采取相应的止血方法。

（一）出血的分类

1.按出血的部位分类

（1）内出血。流出血管的血液停留在身体内部而不排至体外，包括组织内出血、体腔出血和管腔出血。处理原则是及时有效地止血，内出血一般多依赖于药物和手术止血。

尽早识别严重的内出血，如胸部内出血、脑出血、脾脏破裂。受伤后，病人皮肤苍白、湿冷、表情冷淡、少言寡语、呼吸变浅、烦躁不安、口渴，但身体上无伤口。

如胸部内出血，取半坐位；腹腔内出血，下肢抬高。立刻向120急救电话呼救，在急救人员到来之前，密切看护病人，注意保持呼吸畅通。

（2）外出血。血液从皮肤创口流向体外称为外出血，常见于外力撞击伤、刀割伤、刺伤、碾压伤等。

止血是救治损伤性外出血的主要目的。根据外出血种类不同，止血方法也不同。引起严重外出血的原因多样，处理也比较困难，须去医院诊治。

2.按出血的血管分类

（1）毛细血管出血。血液从创伤面或创伤口周围缓慢渗出，为暗红色血，出血量少，危险性小。

（2）静脉出血。如果伤口流出来的血是暗红色的，量比较多，流速比较慢，则是静脉出血。出血点在伤口的远心端。

（3）动脉出血。如果伤口流出来的血是鲜红色的，流得很急，甚至向外喷射，则是动脉出血。出血点在伤口的近心端。

静脉出血和动脉出血的情形比较严重，尤其是动脉出血，如果不尽快止住，将会危及伤者生命。

（二）常用的止血方法

1.冷敷法

冷敷可降低组织温度，使血管收缩，减少局部充血，从而起到止血的作用。冷敷与加压包扎和抬高伤肢同时应用，效果更佳。

（1）作用：止血、止痛、防肿。

（2）适用范围：急性闭合软组织损伤，伤后立即施用。

（3）方法：用冷水或冰袋敷于患部。

2.抬高伤肢法

抬高伤肢法用于四肢出血。抬高伤肢，使伤处血压降低，血流量减少，达到减少出血的目的。抬高伤肢法常和绷带加压包扎并用，对小血管出血有效，对较大血管出血只能作为一种辅助性止血方法。

（1）作用：使出血部位的血压下降。

（2）适用范围：四肢小静脉或毛细血管的出血。

（3）方法：将患肢抬高，高于心平面15°～20°。

3.加压包扎法

用绷带和三角巾加压包扎伤口止血。

（1）适用范围：小动脉、小静脉或毛细血管的出血。

（2）方法：用无菌敷料（消毒纱布、干净毛巾或手帕等）覆盖受伤部位，再用绷带或三角巾稍加压力包扎起来。

（3）注意事项：

1）伤口内有碎骨片时禁用此法，以免加重损伤；

2）包扎不要过紧或过松，过紧会引起血液循环不良，过松则不能有效固定敷料；

3）绷带不要在伤口上打结，以免压迫伤口引起疼痛，也不要在身体背后打结，易产生不适感。

4.加垫屈肢法

（1）适用范围：四肢、膝、肘以下部位出血，没有骨折和关节损伤，如前臂、手腕、小腿出血。

（2）方法：将厚棉垫或绷带卷放于手肘窝或膝关节处，屈曲前臂或小腿，再用三角巾、宽布条或绷带等紧紧缚住。

5.直接指压法

较大的动脉出血后，用拇指指腹直接压迫出血点，中断血液，达到止血目的。

6.间接指压法

间接指压法是指较大的动脉出血后，用拇指指腹压迫出血点血管上方（近心端）的身体浅表部位，使血管被压闭住，可暂时中断该动脉供血部位的出血。

（1）头部出血。压迫颞浅动脉。一侧头顶部出血，用食指或拇指压迫同侧耳前方颞浅动脉搏动点（耳朵前上方跳动的血管），可止住同侧额、颞部出血。

（2）面部出血。压迫颌外动脉。一侧颜面部出血，用食指或拇指压迫同侧面动脉搏动处（颌外动脉在下颌角下缘的前方约1.5 cm处），可止住同侧眼及以下面部出血。

（3）颈部出血。压迫颈动脉。压迫同侧耳朵后面乳突附近颈动脉或颈总动脉，但颈总动脉压迫时间不能过长，以免引起大脑缺氧而昏迷。

（4）上肢出血。

1）肩部和上臂出血。压迫锁骨下动脉。用食指压迫同侧锁骨窝中部的锁骨下动脉搏动处，将其压向深处的第一肋骨，可止住肩部和上臂出血。

2）前臂出血。压迫肱动脉。用拇指或其余四指压迫上臂内侧肱二头肌内侧沟处的搏动点，用力压迫到肱骨上，可止住前臂和手部出血。

3）手部出血。指压桡动脉及尺动脉。用双手拇指分别按压在桡动脉（手腕腕横线近心端的大拇指侧）和尺动脉（手腕腕横线近心端小手指侧）搏动处，用力压迫到桡骨及尺骨上，可止住手部出血。

4）手指出血。压迫指动脉。手指出血时，用拇指和食指相对夹压手指第一指节根部两侧的血管。

（5）下肢出血。

1）大腿、小腿部出血。压迫股动脉。大腿略微外旋，两拇指重叠用力压迫大腿上端腹股沟中点股动脉搏动处于股骨上，可止住大腿、小腿部出血。

2）足部出血。压迫胫前动脉和胫后动脉。用两拇指分别压迫足背中部近踝关节处的足背动脉（胫前动脉）和跟腱内侧与内踝之间的足底动脉（胫后动脉），可止住足部出血。

7.止血带止血法

止血带止血是用于四肢大出血急救时简单、有效的止血方法，它通过压迫血管阻断血行来达到止血目的。

此法操作时要注意止血带使用的材料、包扎的松紧程度、使用的时间长短。如使用不当或使用时间过长，止血带止血法会造成伤肢血液循环不良，引起远端肢体缺血、坏死，甚至导致残废。只有在出血猛烈、用其他方法不能止血时，才能应用止血带止血法。伤口用止血带紧紧包扎后，松紧度把握的标准是包扎后止血有效，而且远心端有动脉的搏动。

（1）适用范围。止血带绑扎位置在伤口上方（近心端），尽量靠近伤口，扎止血带部位用环形宽布垫保护皮肤，将伤口扎紧，把血管压瘪即可止血。如果制止了流血现象，就不用扎得太紧。写明止血的时间，随身携带。及时将伤者送往医院，每隔0.7～1 h慢慢松解一次，每次松解1～2 min。

上肢大动脉出血应结扎在上臂的上1/3处，下肢大动脉出血应结扎在大腿中、下1/3交界处。上臂的中、下1/3处不能结扎止血带，以免损伤桡神经。小腿和前臂不能上止血带，因这两处都有两根骨头，血管正好走在两骨之间，上止血带起不到压迫血管的作用。

（2）方法。

1）橡皮止血带。常用橡皮带或橡皮管，在伤口上方近心端10 cm处扣紧或绕两圈，打一个活结。

2）充气止血带。常用血压计袖带。上肢每半小时、下肢每一小时要松开一次。

3）布制止血带。在比伤口离心脏近的部位绑住，止血带里插一根棍子，旋转棍子把止血带拉紧。

三、骨折的急救方法

骨结构的完整性或连续性受到破坏所引起的损伤，称骨折，以疼痛、肿胀、青紫、功能障碍、畸形及骨擦音等为主要表现。

发生骨折后，应立刻进行固定，其目的是止痛、制动、减轻伤员痛苦，防止伤情加重，防止休克，保护伤口，防止感染，便于运送。

（一）骨折的分类

1.依据骨折是否和外界相通

（1）闭合性骨折。骨折处皮肤或黏膜完整，不与外界相通。此类骨折没有污染。

（2）开放性骨折。骨折附近的皮肤和黏膜破裂，骨折处与外界相通。因与外界相通，此类骨折伤口及骨折断端受到污染。

2.依据骨折的程度

（1）完全性骨折。骨的完整性或连续性全部中断，如管状骨骨折后形成远、近两个或两个以上的骨折段。

（2）不完全性骨折。骨的完整性或连续性有部分中断，如颅骨、肩胛骨及长骨的裂缝骨折。

3.依据骨折后的时间

（1）新鲜骨折。新发生的骨折还可能进行复位，以及2～3周以内的骨折。

（2）陈旧性骨折。伤后三周以上的骨折。三周的时限并非恒定，如儿童肘部骨折，超过 10 天就很难整复。

（二）造成骨折的原因

1.外伤性骨折

骨结构正常，因暴力造成骨质的完整性破坏，称为外伤性骨折。这是最常见的骨折原因。按暴力作用方式的不同，可分为三种：

（1）直接暴力。暴力直接作用于骨折部位。

（2）间接暴力。暴力作用于远离骨折的部位，通过骨、关节、肌肉或韧带等传导，造成一定部位的骨折。

（3）重复暴力。反复的暴力作用于同一部位，可逐渐发生骨折，也称为疲劳性骨折。如经常反复跳跃、长距离运动，易发生第二、三跖骨，胫骨，股骨，腓骨，股肩骨折等。

2.病理性骨折

由于疾病或潜在的内部疾病导致骨骼变弱或断裂，称为病理性骨折。

病理性骨折发生前，本身已存在影响其结构坚固性的内在因素，这些内在因素使骨结构变得薄弱，在不足以引起正常骨发生骨折的轻微外力作用下，造成骨折。

（三）骨折的征象

1.全身表现

（1）休克。多见于比较严重的骨折，如股骨骨折、脊椎骨折、严重的开放性骨折等，由于广泛的软组织损伤、大量失血或剧烈疼痛等引起休克。

（2）体温。一般骨折后体温正常，开放性骨折后体温升高时应考虑是否有感染。

（3）部分伤者还会出现口渴、便秘等现象。

2.局部表现

（1）疼痛和压痛。骨折处有明显局限性压痛，一般活动肢体时疼痛加剧。有时在远离骨折处轻轻振动或捶击，骨折处也出现疼痛。

（2）局部肿胀和瘀血。骨及附近软组织的血管破裂出血，若为闭合性骨折，则在其周围形成血肿；若为开放性骨折，血液经创口流出，则周围软组织肿胀，甚至可在皮肤上产生张力性水泡。若血肿表浅，经1～2日后可出现紫色、黄色或青色的皮下瘀斑。

（3）功能障碍。骨完全折断后，失去了杠杆和支持作用，加上疼痛、肌肉痉挛及周围软组织损伤等，肢体丧失部分或全部活动功能。

（4）畸形。骨折后，由于外力及肌肉痉挛，使骨折断端发生重叠、移位或旋转，造成畸形和肢体变短现象。

（5）假关节活动及骨摩擦音。完全骨折时，局部可出现类似关节的活动，移动肢体时可产生骨摩擦音。这是骨折特有的征象，但决不能有意去寻找异常活动或骨摩擦音，以免加重损伤和增加伤员的痛苦。

（四）骨折固定的要点

骨折固定的要点如下：

（1）先止血，后包扎，再固定。

（2）常用木制、铁制、塑料制夹板固定。临时夹板可用木板、木棒、树枝、竹竿等。如果现场无临时夹板，可固定于伤者躯干或健肢上。

（3）夹板长短、宽度与肢体相称，其长度一般以超过骨折端上下两个关节为宜，骨折突出部位要加垫。

（4）先扎骨折上下两端，后固定两关节；固定四肢后要露出指（趾）；胸前挂标志。

（5）迅速送医院，做X射线检查、诊断。

（五）常见骨折固定的方法

1.前臂骨折固定法

先将夹板放置于骨折前臂外侧，骨折凸出部分要加垫，然后固定腕、肘两关节。为防止晃动，用三角巾将前臂悬挂于胸前，再用三角巾将伤肢固定于胸廓。

2.上臂骨折固定法

先将夹板放置于骨折上臂外侧，骨折凸出部分要加垫，然后固定肘、肩两关节。用三角巾将上臂悬挂于胸前，再用三角巾将伤肢固定于胸廓。

3.小腿骨折固定法

先将夹板放置于骨折小腿外侧，骨折的凸出部分要加垫，然后固定伤口上下两端，固定膝、踝两关节（绷带"8字法"固定踝关节），最后固定夹板顶端。如现场无夹板，可将伤肢与健肢固定在一起，注意在膝关节与小腿之间的空隙处垫好软垫，以保持稳定。

4.大腿骨折固定法

先将夹板放置于大腿外侧，骨折突出部分要加垫，然后固定伤口上下两端，固定踝、膝关节，最后固定腰、髋、腋部。

（六）骨折的搬运

当发现有骨折伤员时，切忌乱搬动，尤其是脊柱损伤性骨折，要防止不合理的扶、拉、搬动而导致伤情加重或者伤害神经。不当急救操作可使脊髓受损，发生瘫痪，甚至危及生命。需要搬运时，要设法保护受伤部位。应用木板、担架等抬运，平置伤员，固定并保持平稳，减轻颠簸。

四、关节脱位的急救方法

关节脱位也称脱臼，是指组成关节各骨的关节面失去正常的对合关系，发生了错位。

脱位按脱位程度来分，分为半脱位和全脱位；按脱位后的时间来分，分为新鲜脱位和陈旧性脱位（指脱位超过3周以上）。关节脱位多为暴力作用所致，肩、肘、手指关节最易发生脱位。

（一）关节脱位的征象

1.一般症状

（1）疼痛明显。活动患肢疼痛加重。

（2）肿胀。因出血、水肿，关节明显肿胀。

（3）功能障碍。关节脱位后结构失常，关节失去正常活动功能。

2.特殊表现

（1）畸形。关节脱位后肢体出现旋转、内收或外展和缩短等畸形，与健侧不对称。关节的正常骨性标志发生改变。

（2）弹性固定。关节脱位后，未撕裂的肌肉和韧带可将脱位的肢体保持在特殊的位置，被动活动时有一种抵抗和弹性的感觉。

（3）关节盂空虚。最初的关节盂空虚较易被触知，但肿胀严重时则难以触知。

（二）关节脱位的急救

关节脱位后的治疗以手法复位为主，时间越早，复位越容易，效果越好，所以应将患者受伤的关节进行妥善固定后，迅速就医。

1.肩关节脱位的急救

肩关节脱位后，将患肢肘关节呈90°固定，用三角巾悬吊于胸前，送往医院。医生将患者已脱出的肩关节头回纳到原来的关节窝里，复位后肩关节须固定。单纯肩关节脱位用三角巾或固定器材悬吊于胸前；如患者关节囊破损明显，或肩周肌肉被撕裂，应将患肢手掌向内，肘部贴近胸壁，用绷带固定在胸壁，一般固定3周。

2.肘关节脱位的急救

发生肘关节脱位时，不要强行将处于半伸位的伤肢拉直，以免引起更大伤害。用绷带或三角巾将伤员的伤肢呈半屈曲位（肘关节135°左右）固定后，再悬吊固定在前胸部，送往医院接受治疗。

五、休克的急救方法

休克是一种急性的综合征，是各种强烈致病因素作用于机体，使血液循环功能能急剧减退、组织器官微循环灌流严重不足，以致重要生命器官机能、代谢严重障碍的全身危重病理过程。休克是意外损伤常见的危急重症之一。

（一）引起休克的原因

引起休克的原因主要有出血性休克、创伤性休克、心源性休克、低血容量性休克、过敏性休克、缺氧性休克等。运动损伤造成的休克主要有：

1.失血性休克

失血性休克多见于胸腹内脏器官损伤或破裂、多发性骨折等，由于创伤部位失血过多，导致血容量锐减，有效循环血量减少，影响正常的血液循环。如腹部挫伤导致脾脏破裂的内出血，胫腓骨严重骨折引起大动脉损伤的外出血。

2.创伤性休克

创伤性休克指由于腹部、头部受到暴力撞击，脊髓损伤，发生严重的骨折等造成的休克。剧烈的疼痛使机体血管紧张度调节机能改变，大量毛细血管扩张，造成血液在毛细血管内淤积，引起血液循环血量不足，导致休克。如股骨粉碎性骨折、睾丸挫损。

3.心源性休克

心源性休克因参加过于剧烈的运动，导致血液循环负担量超过心脏的承受能力时，心血输出量显著减少，并引起急性心功能衰竭而发生。

（二）休克的症状

早期为烦躁不安、心率加快、脉搏微弱、皮肤苍白、口唇指趾轻度紫绀、血压下降（收缩压<80 mmHg，脉压差<20 mmHg）。若休克继续加重，则出现呼吸急促、面色灰白、皮肤紫绀、四肢发冷、神志模糊、少尿以至无尿，甚至呼吸困难、昏迷。

（三）休克的急救

（1）立即向120急救中心呼救。

（2）使休克者平卧，将其下肢抬高25°左右，少摇动和翻动休克者。

（3）保持休克者呼吸道畅通，以吸入氧气或新鲜空气，注意保暖或防暑。

（4）出血性或创伤性休克，应立即止血，有骨折者给予临时固定。伤者疼痛剧烈时可给予止痛药或镇静剂，以减轻疼痛。

（5）出血性或创伤性休克应迅速使其恢复有效循环量。立即给出血者输血，失血浆者给予补充血浆或血浆代用品，丢失细胞间液者予以生理盐水。液体输入一般先输血或血浆，然后挂生理盐水和葡萄糖液。

六、心肺复苏方法

心跳、呼吸骤停的急救，简称心肺复苏术（CPR）。CPR是针对呼吸心跳停止的急症危重病人所采取的关键抢救措施，即心脏胸外按压形成暂时的人工循环并恢复自主搏动，采用人工呼吸代替自主呼吸，快速电除颤转复心室颤动，尽早使用血管活性药物来重新恢复自主循环。

心肺复苏的目的是开放气道、重建呼吸和血液循环。在一般情况下，心跳骤停4 min以内，即脑组织缺氧4 min之内，有可能恢复其原有功能。4~6 min开始复苏者，存活率明显下降；超过6 min者存活率不到10%；10 min以上开始复苏者，易造成脑组织长久性损伤，甚至导致死亡。因此急救必须及时、迅速。复苏开始越早，存活率越高。

心肺复苏的主要方法是胸外心脏按压和口对口人工呼吸。

（一）心肺复苏前的准备

（1）判断伤者有无意识，可轻轻拍打、摇动或呼唤。呼救，拨打120急救电话。

（2）将伤者放平仰卧，注意对颈部的保护。仰头举颏，打开气道，保持气道畅通，口内如有异物、污物，要尽快清除。

（3）判断伤者有无主动呼吸。

1）看：胸部和上腹部有无呼吸起伏运动；

2）听：口鼻有无出气声；

3）感觉：面颊部有无气体吹拂感觉，用一丝棉絮或餐巾纸放在伤者的鼻腔或口腔前，看丝棉絮或餐巾纸是否晃动。

（4）判断有无脉搏。检查颈动脉，在5 s内完成，手要轻试，不能加压。如无搏动，应立即急救。

（二）胸外心脏按压

如果患者停止心跳，急救者应进行胸外心脏按压急救。

伤者处于仰卧位，放于硬板床或平地上，以确保按压时病人不摇动。急救者跪于伤者一侧（一般为右侧），右手食指沿一侧肋弓下缘向中线移动，触及两侧肋弓交会点（剑突），食指与中指紧贴食指上方定位（两横指），左手掌根紧贴右手食指置于胸骨，使手掌根部横轴与胸骨长轴重合。成年男性按压部位为两乳头连线胸骨部。

急救者左手的掌根部紧靠定位手指，放于伤者胸骨下1/3处，掌根部长轴与胸骨长轴重合。将定位用手叠于另一手的手背上，两手手指交叉抬起，使手指脱离胸壁。急救者双肘关节伸直，肩部和手掌必须保持垂直位，借助肩部力量有节奏地垂直向下压。抬手时掌根部不能移动。在按压间歇期内，务必使胸部不受压力。胸廓下压深度为5～6 cm，儿童相对要轻些。成年患者按压速率为10次/min，儿童稍快。

（三）口对口人工呼吸

当发生意外伤害，伤者呼吸困难甚至停止时，如不及时进行急救，将很快造成死亡。人工呼吸就是用人为的力量来帮助伤者进行呼吸，最后使其恢复自主呼吸的一种急救方法。

伤者仰卧，松解衣服衣领，防止用力过猛。清除伤者口鼻中的分泌物和污泥、假牙等，必要时将舌拉出口外，以免舌根后坠阻塞呼吸道，保持伤者呼吸道通畅。

急救者蹲（跪）于一侧，将伤者头部尽量后仰，然后一手把伤者下颌托起，开放气道。急救者将口紧贴伤者的口，另一手捏紧伤者鼻孔以免漏气。急救者快速深吸气后，完全包住伤者的嘴，迅速向伤者口中吹气；伤者胸部扩张起来后，停止吹气，并放松捏鼻子的手。待胸部自然地缩回，再做第二次。吹气17～18次/min，每次持续1 s以上，重复进行，直到伤者恢复自主呼吸为止。

如果伤者牙关紧闭，无法进行口对口呼吸，可以用口对鼻呼吸法（将伤者口唇紧闭）。如果呼吸心跳均停止时，应同时进行心脏胸外按压术。如有胸肋骨骨折或其他情况不宜做人工呼吸时，应立即采取其他急救措施。当呼吸恢复，但人仍昏迷时，宜把伤者安置成侧卧姿势，利于气管内容物流出，也可避免舌根部堵塞咽喉。呼吸恢复后，松开伤者胸部衣扣和腰部皮带，使呼吸不至于受阻。若条件许可，可给伤者吸氧，或将其移至空气新鲜、流通处。人工呼吸要坚持进行30 min，这样即使呼吸骤停很长一段时间，也仍有可能抢救回来。

单人心肺复苏：急救者先做2次吹气，再轮番完成心脏胸外按压、口对口人工呼吸。重复一轮按压和通气后，要检查复苏效果，即检查颈动脉或有无主动呼吸。口对口人工呼吸、心脏胸外按压比例为2∶3。

双人心肺复苏：两位急救者各在一边，先做2次吹气，再轮番进行心脏胸外按压、口对口人工呼吸。口对口人工呼吸、心脏胸外按压比例为1∶5。在每次轮换时，两位急救者各负责检查脉搏和呼吸。

（四）注意事项

（1）必须确定伤者已经失去知觉，才可实施心肺复苏。施救时注意脱离危险区域，将伤者的衣扣及裤带解松，并检查是否有内脏损伤。

（2）口对口吹气和胸外心脏按压应同时进行，严格按吹气和按压的比例操作，吹气和按压的次数过多和过少均会影响复苏的成功率。

（3）保持伤者的呼吸道通畅，清除呼吸道中的分泌物、泥沙等。

（4）做人工呼吸前，为防止疾病传染，可用消毒纱布覆在伤者嘴上进行隔离。婴幼儿口鼻比较接近，最好将婴幼儿口鼻一起包含进行人工呼吸。

（5）口对口人工呼吸时吹气量是成年人深呼吸正常量，一般不超过1 200 mL，胸廓稍起伏即可。吹气时间不宜过长，过长会引起急性胃扩张、胃胀气和呕吐。吹气过程要注意观察伤者气道是否通畅、胸廓是否微微隆起。

（6）胸外心脏按压的位置必须准确，不准确容易损伤其他脏器。按压的力度要适宜，大过猛容易使胸骨骨折，引起气胸、血胸；按压的力度过轻，胸腔压力小，不足以推动血液循环。

（7）按压姿势为双臂伸直，利用身体的重量均匀地按压。按压有规律，不要左右摇摆或冲击式按压。

（8）施行急救，须一直做到伤者有呼吸、有脉搏或后续支持到达为止。如伤者意识已清醒，则使其采取侧卧休息姿势，等待后续支持到达或送医治疗。

（五）有效的体征和终止抢救的指征

（1）观察颈动脉搏动，有效时每次按压后就可触到一次搏动。若停止按压后搏动停止，表明应继续进行按压。如停止按压后搏动继续存在，说明伤者自主心搏已恢复，可以停止胸外心脏按压。

（2）若无自主呼吸，人工呼吸应继续进行，或自主呼吸很微弱时，仍应坚持人工呼吸。

（3）复苏有效时，可见病人有眼球活动，口唇转红，甚至脚可动；观察瞳孔时，可见其由大变小，并有对光反射现象。

（4）当有下列情况可考虑终止复苏：

1）心肺复苏持续30 min以上，仍无心搏及自主呼吸，现场又无进一步救治和送治条件，可考虑终止复苏。

2）脑死亡，如深度昏迷、瞳孔固定、角膜反射消失，将伤者头向两侧转动，眼球原来位置不变，如无进一步救治和送治条件，现场可考虑停止复苏。

3）现场危险威胁到抢救人员安全，或急救医生认为病人死亡，无救治希望。

（六）自动体外除颤器（AED）

AED是一种便携式、易于操作，稍加培训即能熟练使用，专为现场急救设计的急救设备。机器本身会自动判读心电图然后决定是否需要电击，除颤过程中，AED的语音提示和屏幕显示使操作简便易行。

1.使用步骤

（1）开启AED。打开 AED 的盖子，打开电源，依据显示屏（视觉）和语音（声音）的提示操作。

（2）给伤者贴电极。伤者取仰平体位，在伤者胸部适当的位置上，紧紧地贴上电极。通常两块电极板分别贴在右胸上部（右侧锁骨下方）和左胸左乳头外侧（两块电极直线穿过心脏）。

（3）开启除颤器前，确保伤者身体干燥。

（4）开始分析心律。急救者远离伤者，按下"分析"键后，AED开始自动分析伤者的心律（此过程中不要接触伤者，即使是轻微的触动都有可能影响AED的分析）。分析完毕后，AED会报告是否需要进行电击，或者是否需要继续心脏复苏。若AED发出除颤的建议，则由操作者按下"放电"键除颤。

（5）除颤结束后，AED会再次分析心律。如未恢复有效灌注心律，操作者应进行5个周期CPR，然后再次分析心律、除颤、进行CPR，反复至医护人员到达。

2.注意事项

（1）AED显示需要电击，需再次确保伤者身上没有水也没有干扰物。如有汗水则需要快速擦干，并告诫身边任何人不得接触靠近伤者。

（2）如果在使用完AED后，伤者没有任何生命特征（没有呼吸心跳）需要马上送医院救治。

第三节　软组织损伤的处理

在软组织损伤发生后，先要注意检查有无合并伤，如腹部挫伤后是否有内脏破裂、头部挫伤后有无脑震荡等；先处理开放性损伤、合并伤，后处理闭合性软组织损伤。

在确定没有严重的合并伤后，闭合性软组织损伤应立刻进行RICE处理。RICE处理原则包括静卧、冰敷、加压、抬高。

"R"指Rest，静止休息，减少活动。如果是韧带损伤，坚持行走会加重韧带的撕裂。如果是骨折了还执意移动，会加重骨折端移位的风险，使简单固定就能治愈的损伤严重化。

"I"指Ice，伤后立刻冰敷。用冰袋敷于损伤处，或将冰块放到塑料袋里，然后倒入水后再放到损伤处，注意不要将冰块直接敷在皮肤上以免冻伤，每次10～20 min，2 h一次，这样做能使局部血管收缩、减少出血量，并减轻肿痛。

"C"指Compression，扭伤或拉伤后需要加压包扎。包扎能减轻局部的肿胀、防止进一步出血；注意不能揉或者喷红花油等，否则会加重急性期损伤小血管的出血，导致肿胀疼痛的加重。包扎时间要根据损伤情况和病情来定。

"E"指Elevation，抬高患肢。休息时抬高患肢，使患肢高于心脏约10～15 cm，可以促进血液流动，达到减轻肿胀疼痛的目的。

伤后24～48 h，局部做热敷、理疗、按摩等。在损伤基本恢复后，要开始适当地进行力量训练和肌肉、韧带的伸展练习。

一、开放性软组织损伤的治疗方法

开放性软组织损伤在比赛或运动训练时都较多见，因伤口多有污染，如处理不及时或不当易发生感染，影响愈合和功能恢复，严重者可引发败血病甚至危及生命。

开放性软组织损伤的处理，目的在于改善修复条件，促使其及早愈合。根据伤情，分别清洁处理污染或感染的伤口。处理者应戴手套和口罩，预防感染。彻底清创的大伤口，可缝合。如皮肤有缺损，可做植皮覆盖创面。

（一）擦伤

擦伤是皮肤受到外力摩擦所致，皮肤被擦破出血或有组织液渗出。擦伤后表皮破损，创面呈现苍白色，有许多小出血点和组织液渗出。由于真皮含有丰富的神经末梢，损伤后往往十分疼痛，但表皮细胞的再生能力很强，如伤口无感染愈合很快，可不留疤痕。

1.清创

清洗创面是防止伤口感染的关键步骤。由于擦伤表面常沾有一些脏物，可用生理盐水（0.9% NaCl），或纯净水、自来水进行清洗。边冲边用消毒棉球擦洗，将泥、沙、灰等洗去。

2.消毒液和消毒

消毒是指杀死病原微生物，但不一定能杀死细菌芽孢的方法。用于伤口消毒的化学药物叫作消毒液。

75%的酒精用于伤口消毒，因为过高浓度的酒精会在细菌表面形成一层保护膜，阻止其进入细菌体内，难以将细菌彻底杀死。若酒精浓度过低，酒精虽可进入细菌体内，但不能将其体内的蛋白质凝固，即不能将细菌彻底杀死。

0.5%～1%碘伏对开放性伤口的消毒效果很好，碘伏引起的刺激疼痛较轻微，易于被病人接受，已基本上替代了红汞、紫药水等皮肤黏膜消毒剂。1%碘伏用于皮肤的消毒治疗时可直接涂擦，0.5%碘伏用于外科手术中手和其他部位皮肤的消毒。

3%双氧水（H_2O_2，溶液）适用于伤口消毒，擦拭到创伤面有轻微灼烧感。消毒时有白色的小气泡产生，因为双氧水与皮肤、黏膜伤口的污物相遇时，立即分解生成氧原子，氧原子具有很强的氧化能力，与细菌接触时，能杀死细菌。

用棉球浸润0.5%碘伏，或75%酒精，或3%双氧水，消毒擦伤的伤口周围，沿伤口边缘向外擦拭，把脏物由内往外推，即由伤口边缘开始，逐渐向周围扩大消毒区。

3.上药

在创面上涂2%碘酒，或红汞，或1%～2%紫药水（龙胆紫溶液）。红汞不宜与碘酊同用，因两者可生成碘化汞，对皮肤有腐蚀作用，汞过敏者忌用。

用2%碘酒消毒伤口周围皮肤，须再用酒精擦去，这种"脱碘"方法是为了避免碘酒灼伤皮肤。因为这些消毒剂刺激性较强，不可直接涂抹在伤口上，否则会引起强烈的刺痛。

1%～2%紫药水可治疗皮肤与黏膜的创伤感染及溃疡、小的烫伤等，紫药水涂于患处皮肤，可防止细菌感染和局部组织液的外渗，也能与坏死组织结合形成保护膜，起到收敛作用。

新鲜伤口不宜涂紫药水，此药有较强的收敛作用，涂后创面易形成硬痂，而痂下组织渗出液存积，反而易引起感染。如伤口已经化脓，就不应再抹。因为紫药水使伤口表面结上一层痂，看起来干燥清洁，但干燥的硬痂下面细菌还在繁殖。在痂皮保护下，细菌可能向深部侵入反而使病情加重。因此，化脓伤口应请医生清洗创口，采取综合治疗措施。

4.包扎

用消毒纱布或清洁布块（用蒸汽或沸水消毒）包扎伤口，小伤口可不包扎，但都要注意保持创面清洁干燥，创面结痂前尽可能不要接触生水。

皮肤擦伤慎用创可贴。因为皮肤擦伤的创面往往较大，而普通创可贴的吸水性和透气性不好，不利于创面分泌物及脓液的引流，反而有助于细菌的生长繁殖，容易引起伤口发炎。

对于伤口较脏的擦伤一定要冲洗伤口，然后再消毒杀菌、包扎伤口。在关节部位发生较大面积的擦伤时，伤口处理干净后，可擦抹抗生素软膏。关节附近的擦伤无论大小，最好包扎或用纱布覆盖，因为关节经常活动，易发生伤口污染。

5.感染创面的处理

伤口感染是由于创面污染严重，清创不彻底引起的，或因挤压伤口造成皮肤、肌肉坏死引起。

创面发生感染后，先清创，再涂碘酒，每天处理1～2次。严重者可服用抗生素，迅速控制伤口和周围组织的急性炎症，促使伤口内肉芽组织尽快生长。若伤口小引流不畅，应请医生扩大伤口或选低位做引流切口，以保持引流通畅。若伤口内有大量坏死组织，酌情一次或分期切除。

（二）撕裂伤

撕裂伤指由于钝物冲击或碰撞所引起的表皮或软组织的损伤。其伤口的边缘不整齐，多发于身体与硬性物的碰撞中。皮肤撕裂伤主要发生于头部，尤以额部和面部较多见，如篮球运动中眉弓部被他人肘部碰撞，引起眉际皮肤撕裂。

（1）创口小的撕裂伤，创口经清创、消毒、上药后，用粘膏或创可贴黏合即可。

（2）创口较大的撕裂伤，应先止血，经清创、消毒、上药后，须缝合创口。

（3）伤情和污染严重的撕裂伤，创口经前期处理后，须注射破伤风抗毒素，服用抗生素。

破伤风由破伤风杆菌的感染所致。破伤风杆菌属芽孢性厌氧菌，单纯破伤风杆菌芽孢侵入伤口并不足以引起本病，必须要有其他细菌，或有异物（如木头、玻璃等碎片）同时存在。破伤风杆菌分泌毒素可致使神经系统中毒，当毒素作用于脑干和脊髓后，由于主动肌和拮抗肌二者均收缩，产生特异性的肌肉痉挛（以进行性发展的肌肉强直为特征），伴有发作性加重，如不及时治疗，死亡率在50%以上。破伤风潜伏期不定，短至1～2天，长则达数月，平均7～14天，约90%患者在受伤后2周内发病。潜伏期越短，病死率越高。

（三）刺伤和切伤

伤口由尖细物插入引起的，叫刺伤；用锐利物切开引起的，叫切伤。两种伤都会在不同程度上造成皮下组织的破损。如田径运动中被钉鞋或标枪刺伤，冬季滑冰时被冰刀切伤等。刺伤和切伤处理方法基本上与撕裂伤相同。

对刺伤和切伤的急救，首先要止血，用消毒的纱布垫敷在伤口上，用手指压迫一段时间，直到出血停止再清洗伤口，便于医生做缝合手术；如果伤口暴露时间太长，又有局部红、肿、热、痛等炎症现象时，在医生处理前，应以消毒纱布覆盖伤口并暂时包扎。

伤口较大、较深时，常会伤及小动脉，压迫伤口仍出血不止，需要间接压迫动脉才能止血。在压迫止血的同时，抓紧时间送往医院，请勿拔除嵌入的物品。

二、闭合性软组织损伤的治疗方法

闭合性软组织损伤有软组织挫伤、肌肉拉伤、关节韧带扭伤、滑囊炎、肌腱腱鞘炎等。

（一）急性闭合性软组织损伤

急性闭合性软组织损伤的特点：发病急且病程短，病理变化和临床症状明显。

1.早期（24～48 h内）

（1）处理原则。制动、止血、防肿、镇痛和减轻炎症。

（2）治疗方法。

1）立刻停止运动。冷敷、加压包扎（24 h后解除）、局部制动、抬高患肢。

2）外敷新伤药（消炎、止痛、减轻炎症）。

3）伤后疼痛剧烈者，可服止痛药（云南白药、苯巴比妥、杜冷丁、吗啡等）；肿胀明显者，可服跌打丸、七厘散、三七粉等。

2.中期（24～48 h之后）

（1）处理原则。改善伤部的血液和淋巴循环，促进瘀血、渗出液的吸收和坏死组织的清除，加速组织的修复，防止粘连的形成。

（2）治疗方法。理疗、按摩、针刺、拔罐和药物疗法（贴膏药），适当功能锻炼等。

3.晚期（72 h以后）

（1）处理原则。消除瘢痕和组织粘连，恢复和增强肌肉、关节的功能。

（2）治疗方法。按摩、理疗、中药熏洗和功能锻炼。

（二）慢性闭合性软组织损伤

人体对长期、反复、持续的姿势或动作在局部产生的应力，是以组织的肥大、增生为代偿的，超越代偿能力即形成轻微损伤，累积、迁延而形成慢性闭合性软组织损伤。

1.病因

（1）研磨力量是造成关节慢性损伤的主要原因。如膝关节伸直时，两侧副韧带处于紧张状态，关节稳定，无旋转动作。当膝关节半屈曲时，股骨髁与半月板的接触面缩小。由于重力影响，半月板的下面与胫骨平台的接触比较固定，这时膝关节猛烈的旋转所产生的研磨力量会使半月板发生破裂，半蹲或蹲位工作最容易发生半月板损伤。如足球运动员射门时，一足着地，膝关节半屈曲，另一足起脚射门，如果射门方向不在正前方，势必要扭转躯干，此时股骨内髁急骤内旋，内侧半月板会挤在股骨内髁与胫骨平台之间而发生破裂。软骨的慢性损伤包括关节软骨及骨骺软骨的慢性损伤。

（2）由于反复细微损伤的积累或急性损伤后处理不当，导致软组织发生以变性和增生为主的病变。

2.特点

发病缓慢、症状不明显、不易修复。

3.处理原则与治疗方法

（1）处理原则。

1）合理地安排局部的负荷量。本病是慢性损伤性炎症所致，所以限制致伤动作、纠正不良姿势、增强肌力、维持关节的不负重活动、定时改变姿势使应力分散是治疗的关键。练习时合理使用保护带，以防止劳损加重。

2）促进局部血液循环和组织的新陈代谢，减少粘连，改善症状。加强局部治疗，改善伤部代谢，消除水肿，防止深痕粘连与收缩。

（2）治疗方法。

1）治疗方法同急性损伤的中、后期。按摩、理疗、中药熏洗，可局部涂擦外用非甾体抗炎药或中药制剂，再热疗可收到较好的近期效果。注意治疗与功能锻炼相结合。

2）必要时可局部注射肾上腺皮质激素（醋酸泼尼松龙、可的松等），有利于抑制损伤性炎症。

三、常见的闭合性软组织损伤

1.肌肉拉伤

肌肉主动强烈的收缩或被动过度的拉长所造成的肌肉微细损伤、肌肉部分撕裂或完全断裂，称为肌肉拉伤，是最常见的运动损伤之一。

肌肉拉伤后，拉伤部位剧痛、肿胀，用手可摸到肌肉紧张形成的条索状硬块，触疼明显，局部肿胀或皮下出血，活动明显受到限制。伤后立即在痛点用氯乙烷喷雾或冰袋冷敷，使小血管收缩，减少局部充血、水肿，切忌搓揉及热敷。用绷带适当加压包裹损伤部位，防止肿胀，抬高伤肢。

24～48 h后拆除包扎。根据伤情外贴活血和消肿胀膏药，可适当热敷或用较轻的手法对损伤局部进行按摩。

2.软组织挫伤

软组织挫伤是指钝性外力直接作用于人体某部位而引起的一种急性闭合性损伤。棒打、冲撞、跌倒是最常见的原因，如运动中相互冲撞、踢打或身体碰撞在器械上，造成局部和深层组织的挫伤。最常见的挫伤部位是大腿与小腿的前部，头和胸、腹部。

（1）单纯性挫伤。单纯性挫伤是指皮肤和皮下组织（包括皮下脂肪、肌肉、关节囊和韧带）的挫伤。伤后局部有疼痛、肿胀、组织内出血、压痛和运动功能障碍。疼痛一般持续约24 h，疼痛程度因人而异，与挫伤的部位及伤情轻重有关；挫伤后的出血程度及深浅部位与伤情轻重有关，如皮肤出血（瘀点）、皮内和皮下出血（瘀斑）或皮下组织的局限性血肿等。

少数患者挫伤部位会感染化脓，肌肉挫伤（如股四头肌）有时会出现骨化性肌炎。较重的挫伤，若妨碍肢体的血液循环，则会引起局部肌肉的缺血性挛缩，其早期症状是肢体末端出现青紫、肿胀、麻木、发凉、运动障碍，3周后症状消失，但手或足逐渐挛缩于屈曲位。

伤后立即给予局部冷敷、加压包扎、抬高伤肢并休息。较轻的挫伤受伤24~48 h后，可拆除包扎，用活血化瘀叮剂或局部用伤湿止痛膏贴，进行温热疗法、理疗和按摩。肿胀、组织内出血约一周后可吸收消失。疼痛较重者，可内服镇静、止痛药物，用云南白药加白酒调敷伤处并包扎，隔日换药，理疗、按摩；血肿严重者，可拔火罐。

股四头肌和腓肠肌挫伤时，应注意严密观察，若出血较多，肿胀不断发展或肿胀严重而影响血液循环时，应将伤者送医院进行手术治疗，取出血块，缝合出血血管。

在伤情允许的情况下，应尽早进行伤肢的功能锻炼，逐渐增加关节的活动幅度。股四头肌挫伤时，当病情已稳定、患者可以控制股四头肌收缩时，才可开始做膝关节的屈伸活动，先做伸膝练习，屈膝练习宜晚些。之后逐渐增加抗阻力练习，配合按摩、理疗等，直至关节活动功能恢复正常。

（2）混合性挫伤。在皮肤和皮下组织受到挫伤的同时，还合并其他组织器官的损伤，如头部挫伤合并脑震荡或脑溢血，胸部挫伤合并肋骨骨折，腹部挫伤合并肝、脾破裂等，患者除了出现局部征象外，常可发生休克。混合性挫伤并出现休克的伤者，经急救处理后，应尽快送到医院。

3.关节韧带扭伤

运动中由于外力使关节活动超出正常生理范围，造成关节韧带拉伤、部分断裂或完全断裂，称作关节韧带扭伤，多发部位在膝关节、踝关节、腕关节及腰部。

关节韧带扭伤后，局部肿胀、疼痛、压痛，有皮下出血的可看见青紫区。早期正确处理关节韧带扭伤非常重要。因为韧带组织不易再生恢复，如果处理不当或误诊而转成慢性疾病，可能遗留功能障碍，且以后易再次扭伤。

急性扭伤后立即停止活动，局部冷敷损伤部位，用绷带加压包扎防止肿胀。韧带完全断裂或怀疑并发骨折的，在固定包扎后送医院做进一步检查和治疗。

24～48 h后，可用热敷、理疗促进血液循环。进行热敷时，温度不要太高，时间不宜太长，以免加重组织液渗出、发生水肿或再出血。为了促进关节功能的恢复，应注意动静结合，在没有疼痛感觉的前提下进行早期活动。基本痊愈后，应加强关节周围肌肉的力量练习，提高关节的相对稳定性。

第九章

不同部位军事训练伤的处理

第一节　头颈部损伤的处理

1.皮肤擦伤

首先尽快清除伤口表面的污物，可用医用盐水或自来水冲洗干净，再用干净的纱布或纸巾、毛巾等擦干表面，后用消毒药消毒。伤口无须包扎，要保持干燥，痂皮形成之后要待其自然脱落。

2.脑震荡

立即将伤者平卧，头部冷敷，身上保暖。昏迷者可刺激人中穴（上唇中间的沟内）。呼吸障碍者做口对口人工呼吸。当伤员出现昏迷时间超过4 min以上，瞳孔扩大，耳、口、鼻出血，眼球青紫；或伤员清醒后呕吐剧烈，再度昏迷，说明伤势较重，应迅速送医院处理。伤员清醒后应卧床休息两周或更长时间，一定要等头痛、头晕症状消失为止。活动过早，常有头痛、头晕、血压增高等后遗症。在伤员康复后期，用"闭目举臂单腿站立平衡试验"，以决定是否能参加较大强度的军体训练，如能保持平衡，表明已康复。

3.落枕

落枕后，可以进行颈部肌肉锻炼、调整睡姿、热敷及避免剧烈运动。症状严重者可对症处理，如口服或外用非甾体类镇痛药、颈部理疗、按摩针灸等。特别注意颈部保暖、睡姿及颈肌锻炼，否则症状可能反复发作。

第二节　上肢损伤的处理

1.肩关节脱位

有休克症状者，应先抗休克，在脱位所形成的姿势下固定伤肢。伤肢肘关节屈曲90°，用一条大三角巾悬挂前臂于胸前；另一条三角巾折成宽带，绕过伤肢上臂，于健侧腋下打结，迅速送伤员到医院复位。

关节脱位也叫脱臼，是一种严重的损伤，关节囊、周围肌肉、韧带等软组织的损伤修复一般需要3周左右，所以肩关节脱臼复位后必须强调制动3周，否则反复脱臼可致习惯性脱臼。

2.肩袖损伤

肩袖损伤可以通过保守方法进行治疗，也可以配合药物进行治疗。出现肩袖损伤需要去医院检查后再进行处理，一般需要进行磁共振检查，判断肩袖损伤的程度。如果损伤不严重，可以通过保守方法治疗，适当休息，减轻疼痛和炎症，恢复无痛全范围活动，配合膏药来治疗。如果肩袖损伤较为严重，那么可能需要选择手术治疗。患者也可以通过戴三角巾进行悬吊，还可通过热疗的方法治疗，或者是对局部进行按摩，都可以有效缓解疼痛。

3.投弹骨折

先给予三角巾贴胸壁悬吊固定，并停训2周，同时给予中低频等物理治疗。

辅助诊断：投弹骨折均应进行X射线检查，发现不完全骨折时，送医院专科治疗；其他情况留队康复治疗。

功能训练：留队治疗2周后去除三角巾悬吊，循序渐进进行上肢功能性练习，以促进肢体功能进一步恢复。

发生完全骨折时，给予上臂临时夹板或石膏固定，后送医院治疗。

4.肘关节脱位

伤肢尽量靠近身体，再用三角巾包扎固定，固定方法同肩关节脱位。

5.网球肘

休息，尽量避免引起疼痛的活动，如伸腕、旋转前臂等动作。冰敷痛处17～30 min/次，3～4次/天。

药物治疗：可服用非甾体类消炎镇痛药，如扶他林、戴芬等，也可外用扶他林、布洛芬擦剂等，还可采用冲击波治疗，促进局部血液循环，减轻炎症。

封闭治疗：次数不宜过多，以2～3次为宜，每次封闭间隔时间7～14天。

前臂护具固定：可以限制前臂肌肉活动，缓解疼痛。

6.高尔夫球肘

与网球肘处理方法类似。

7.前臂骨折

先将夹板置于前臂四周，然后固定腕关节和肘关节，使用三角巾将前臂屈曲悬吊于胸前，用另一条三角巾将患肢固定于胸廓。如果没有夹板，则使用三角巾将患肢悬吊在胸前，然后用三角巾将患肢固定于胸廓。

8.腕部骨折

原则上在进行固定前应对骨折尝试复位，通常分别拽住骨折的近端和远端施加牵引并成角畸形相反的方向进行复位。固定时，使用夹板分别固定在腕关节四周，将前臂悬吊于胸前，迅速送伤员到医院复位。

第三节　脊柱损伤的处理

1.肌筋膜炎

非手术治疗可做理疗、推拿、药物、功能锻炼等治疗。急性发作期应注意休息，急性发作3天后可做热敷、按摩及手法复位治疗。待疼痛改善后，尽早做腰背肌肉的锻炼或相应疼痛部位肌肉功能锻炼。急性发作后容易复发，应注意腰部的保护，避免弯腰搬运重物。工作时可用腰围或宽腰带，以保护腰部肌肉。

2.腰肌劳损

（1）不要多活动，卧床多休息，不要让腰部再进一步损伤；

（2）进行腰背肌的功能锻炼；

（3）进行理疗、按摩或者热敷，使炎症反应减轻，促进局部血液循环；

（4）用非甾体类消炎药，如芬必得，需持续服用。

腰肌劳损容易再次复发，所以对腰部的保护和生活习惯的改变才是根本。

3.急性腰扭伤

训练中出现急性腰扭伤后，应终止训练，卧床休息是最基本的治疗，通常卧床休息至少1周以上。同时，可口服或外用抗炎止痛药物（如布洛芬、扶他林软膏等），也可中医推拿按摩、针灸理疗。疼痛严重、压痛点明显者，可行局部痛点封闭治疗。等扭伤恢复后，可进行加强腰背肌力量的训练。

4.腰椎间盘突出症

（1）静卧休息。初次发病者，应严格卧床休息，3周后可在佩戴腰围保护下起床活动，3个月内不做弯腰持物动作；缓解后，加强腰背肌锻炼以减少复发。

（2）牵引治疗。可采用骨盆或平衡牵引法，减轻对神经根的刺激和压迫，缓解疼痛。

（3）物理治疗。采取物理治疗，缓解肌肉痉挛，减轻椎间盘内压力。

（4）药物治疗。可外用扶他林乳胶剂涂抹患处，3次/日；口服水杨酸制剂，如扶他林片，每次50 mg，2次/日。

（5）推拿按摩。主要利用手法按摩进行神经根松解，缓解症状，但应避免因用力不当导致病情加重。

若在训练中急性发作时，应立即制动、平躺、局部冷敷，后送到医院治疗。

5.脊柱滑脱

脊柱滑脱早期，诊断明确后一般不需要手术治疗，可通过保守治疗缓解腰部不适症状。主要治疗措施包括暂停高强度军事训练、锻炼腰背肌，佩戴腰围，避免腰部负重及剧烈运动。症状严重者可对症处理，如口服或外用非甾体类镇痛药、腰部理疗、按摩等。保守治疗显效后，须特别注意腰背肌锻炼，否则将出现症状反复发作可能。保守治疗无效者，可行手术治疗。

6.内脏器官震荡

内脏震荡主要分脑震荡、脊髓震荡和心震荡。处理方法类似脑震荡。

7.腹痛

若运动中出现腹痛，应立即减慢运动速度并降低运动强度，缓慢深呼吸，调整呼吸与运动的节奏，用手按压阿是穴（痛点），一般疼痛即可减轻。如果无效应立即停止运动。另外，腹痛在没有明确诊断前，不能服用止痛药，否则会掩盖病情造成误诊。

第四节　下肢损伤的处理

1.大腿骨折

先对大腿骨折处进行固定，可以采用健侧肢体固定法，即用绷带或三角巾将双下肢绑在一起，在膝关节、踝关节及两腿之间的空隙处加棉垫；或者采用躯干固定法，外侧用长夹板从脚跟至腋下，内侧用短夹板从脚跟至大腿根部，使用绷带和三角巾捆绑固定。固定后迅速送伤者到医院。

2.半月板损伤

避免继续运动，坐地休息，出现"交锁"时，自行活动膝关节解锁，有条件的给予弹性绷带加压包扎等，对于交锁、肿胀、疼痛等症状显著者，影响膝关节活动时，需要转诊上级医疗单位。

3.交叉韧带损伤

一般保守治疗应先行屈膝30°，用石膏夹板紧急固定。如果膝关节肿胀严重，影响睡眠的，可在严格消毒的情况下行膝关节穿刺抽积液，之后由小腿向大腿逐渐加压包扎，超过髌骨上方7～10 cm。固定期间注意踝关节、髋关节的活动，避免关节僵直和血栓形成。固定3周后，去除外固定，逐渐开始康复训练和日常活动。交叉韧带不全损伤一般症状都有明显缓解。如果症状未能缓解，走路时膝关节错动感还是明显，小腿明显出现向前、向后活动，且活动幅度比对侧大的、交叉韧带可能是完全损伤，应该到上级医院进一步检查以明确诊断。

4.踝关节韧带损伤

急性期48 h内局部冷敷，每次10～20 min，6 h一次，可明显减轻肿胀；48 h之后热敷2～3天，以促使组织渗液尽快吸收，减轻疼痛；石膏需固定2～3周，利于消肿，也利于韧带愈合，应定期到医院做复查，石膏松紧不合适要及时更换；躺下休息时要抬高受伤的肢体，以利于消肿。

5.跑步膝

暂停跑步训练，冰敷患处，每2 h敷患处10 min左右；减少膝盖负重的活动，有条件的话将脚抬高，对患处进行自我按摩。还可采用药物导入热疗仪治疗膝关节的慢性肌肉韧带损伤。

6.跳跃膝

降低训练强度,适度休息,避免跑步、跳跃等活动。冰敷缓解疼痛,减轻肿胀。多做伸展运动,使用髌骨带,以分散髌腱承受的压力。通过治疗一般情况下都可以缓解。

7.鹅足炎

如果在训练中出现鹅足部位的疼痛,应停止训练,适度休息,减少活动,尤其避免继续高强度的训练。疼痛部位可以用冰袋冷敷,每次10~20 min,每天2~3次。如果不能缓解,可以用屈曲的保护性支具固定,限制活动两周左右。

8.小腿骨折

用两块夹板(长度为脚跟至大腿中部)分别置于小腿的内、外侧,然后用三角巾或绷带固定,也可以用三角巾将患肢固定于健肢。

9.跟腱断裂

如明确是跟腱断裂,应尽快进行手术治疗,术后用长腿石膏/支具固定,定期复查,在医生的指导下进行功能训练。

10.足底筋膜炎

如果发生足底筋膜炎,让脚得到充分休息是关键,要减少训练量或停止训练,尤其要停止越野跑的训练。在脚上施加的压力越大,就会需要更多的时间来愈合。平时可做简单的拉伸,伸展脚趾和小腿以防止硬化,可减轻疼痛。晚上睡觉时可以用固定支具把脚踝固定到90°,保持脚趾向上伸展的状态以伸展足弓,防止在夜间发生僵硬和痉挛。

如休息和锻炼效果不佳,可以在医生指导下进行治疗,可服用非甾体消炎止痛药帮助减轻炎症和缓解疼痛,在专业医生指导下购买矫形鞋垫,可以行体外冲击波治疗,还可局部注射封闭针,但不可长期反复使用。

11.踝部骨折

踝关节骨折如合并有脱位,应尽早手法复位,复位后需石膏固定。长时间的脱位不仅会给患者造成痛苦,而且局部肿胀越来越明显,导致手法复位困难,极大地增加了后续治疗的难度。对无移位的骨折可选择保守治疗,可用小腿石膏固定踝关节于背伸90°中立位,1~2周待消肿、石膏松动后更换一次石膏，固定时间一般为6~8周。对于有移位或不稳定的骨折考虑采用手术治疗。

12.训练抽筋

在训练时一旦出现抽筋现象，不宜立即牵引或按摩，只需让患者躺卧或在舒适位置缓慢牵引痉挛肌肉或做伸展动作，也可在他人帮助下轻缓牵引。本病重在预防，只要训练前充分做好准备活动，大部分抽筋现象是可以避免的。

第五节　中暑与传染病处理方法

1.中暑

立即转移至阴凉通风处，卸去装具、脱去衣服。

迅速降温：可扇风降温，用冷水或酒精对前额、腋下、腹股沟、腘窝等处进行擦浴，利用冰袋等冷敷。

补水服药：患者可自行补水，口服抗中暑药物。补水500 mL后观察尿量尿色，发现尿少或尿色深再补水500 mL。如尿少或尿色深情况无明显改善，必须立即后送医院救治，防止出现横纹肌溶解综合征。

停训观察：有零期中暑症状者，应停训3~5天，注意观察是否有恶心、呕吐、腹痛、腹泻、食欲不振等消化道症状。如出现以上症状，必须立即后送医院救治，严防迟发性中暑发生。

当出现重度中暑症状（意识障碍、抽搐等）时，应立即抢救并组织后送、边后送边抢救。抢救的要点是"三快"：快速降温、快速补液和快速吸氧。后送途中一定要注意保持呼吸道通畅，防止误吸。

2.流行性感冒

先隔离，若高烧、全身症状严重，送往医院，配合医生治疗。要注意充分休息，多饮水，食用米粥、面片等易消化的食物。

3.流行性腮腺炎

及时去卫生队或医院诊疗。积极配合隔离。吃一些富有营养、易于消化的食物，如稀饭、面片汤等。不要吃酸辣、干硬的食物，以免刺激唾液腺分泌，使腮腺的肿痛加重。宿舍要定时通风换气，保持空气流通。注意口腔卫生，经常用温盐水漱口，以清除口腔内的食物残渣，防止出现细菌感染。

4.麻疹

保持室内空气流通和湿润，多休息，多饮开水，饮食把握清淡、营养、易消化的原则，注意口腔和眼的清洁。

5.水痘

尽快接受正规治疗。进食易消化的流质食物，如粥、面片、牛奶等。多吃新鲜水果和蔬菜，以补充体内维生素。大量饮用温水。

6.肺结核

听从医嘱，坚持早期、联合、适量、规律和全程服用抗结核的药物。常用的药物有利福平、异烟肼、链霉素等。注意休息，加强营养，适当锻炼身体，提高抗病能力。

第十章

常见军事训练伤康复训练原则与方法

第一节　军事训练伤康复训练原则

近年来，由于大抓实战化训练，军事训练的难度和强度均有所上升，军事训练伤预防和保健知识还不够普及，军事训练伤发病率正逐年增加。当军事训练伤发生时，很多官兵还是会坚持训练，导致损伤加重或者二次损伤，严重影响部队战斗力的生成。对于军事训练伤，需要根据受伤的部位和损伤程度，通过医生的临床诊断，有针对性地制定康复方案，以达到更高效的康复目的。关于军事训练伤的康复应注意如下几项。

1.科学合理安排军事训练损伤后的运动量与训练强度

军事训练损伤发生后，不严重的情况下不需要完全卧床休息，可以继续进行日常的工作和生活，但需要根据不同创伤的类型、损伤的严重程度，适时调整活动内容，避免加重损伤或者引发二次损伤。对于受训者来讲，军事训练损伤后不能完全停止训练，以防训练水平的倒退和"停训综合征"的发生。因伤后突然停止训练而引起的"停训综合征"，其治疗远比创伤本身的治疗更困难。因此，军事训练损伤后，未受伤的肢体仍需保持一定量的训练，并逐渐增加运动量，以防"停训综合征"的产生。另外，运动量和强度的把握很关键。太小的运动量达不到训练的效果，过度训练可能产生新的损伤。应根据身体的实际情况制定适宜的运动量。

2.军事训练损伤后的局部保护与制动

军事训练损伤后的局部保护十分重要。大多数关节运动损伤后，只要采取有效的局部保护措施，短则数天，长则数周，即可达到完全治愈的目的，大大减轻伤者的痛苦，提高军事训练损伤早期治疗的效果。现代关节支具的应用，能够明显提高军事训练损伤的治疗效果。比如常见的关节部韧带损伤初期，佩戴支具固定，可以使损伤在无张力情况下愈合，从而恢复关节的稳定性，避免关节继发损伤和持续疼痛等。对于关节部无移位的骨折，支具或者硬塑板固定也能起到良好的治疗作用。近年应用的肌内效贴技术或称肌内效（贴）布贴扎技术，在支撑及稳定肌肉与关节的同时又不妨碍身体正常活动，且厚度适宜，防水透气，具低过敏性，可在运动损伤早期起到很好的保护、制动作用。

3.军事训练损伤后的局部治疗

军事训练损伤后局部治疗的方法很多，通常需要对症选用。与关节部制动结合运用，往往能达到更好的疗效。目前常用的局部治疗方法有理疗、按摩、外敷中药、局部封闭等。军事训练损伤现场处理时就应该开始军事训练损伤后的局部治疗。目前通用RICE原则伤后立即冰敷，可以明显镇痛、消肿、止血。冰敷时冰水不要直接接触皮肤，应该妥善衬垫，并持续12～24 h。理疗的临床作用主要包括消炎、镇痛、安眠、松解粘连及软化瘢痕等。按摩是使用各种手法在人体表面进行操作的一种医疗方法。按摩的主要作用有调节神经系统及器官功能、促进血液及淋巴循环、行滞、散肿、止痛、复位、防止肌肉失用性萎缩和关节僵硬，促进瘢痕变软和损伤修复。其他如中药外敷、局部封闭、外用药、口服非甾体抗炎药等方法也是局部治疗方式之一。

4.军事训练损伤后的营养补充

合理营养与科学训练相结合，有利于军事训练技能的提高。有资料表明，补充维生素C可以减轻运动后肌肉酸痛，促进恢复。肌纤维中能源物质（糖原）的水平与训练损伤的发生有直接关系。体内糖原储备充足，有利于预防训练损伤。训练损伤后恢复不良，有时与全身营养状况不良有关。大运动量训练时，体内发生一系列变化：能源大量消耗、体液大量流失、水盐代谢紊乱、体内储备的糖原被耗竭、酸性代谢产物堆积、组织中维生素C含量下降及自身免疫功能下降等，都不利于训练损伤的恢复。科学研究证明，各种营养物质可以调节器官、组织和细胞的功能，促进机体代谢过程，从而提高人体运动时各器官的功能。因此，训练损伤后局部治疗的同时，也应注意全身状况的改善，定期监测营养状况，根据不同的训练情况和生理代谢特点及需要，合理安排膳食营养，保证获得符合生理要求和补充运动训练消耗的饮食营养，只有这样才能促进训练损伤的早日恢复。

第二节　军事训练伤康复训练方法

军事训练伤康复的方法很多，如物理因子治疗和支具的应用，以及肌内效贴技术及石膏和小夹板、康复心理学治疗等，但这些康复方法需要专业治疗师的辅助才能得以完成。我们主要介绍军事训练损伤的运动疗法，运动疗法是根据运动损伤的特点采用全身或局部的运动手段以达到治疗目的的方法。它既能有效进行身体恢复，又能促进运动系统能力的提升。

一、肌力与肌耐力训练

肌力是指肢体作随意运动时肌肉收缩的力量。肌耐力是指人体长时间进行持续肌肉工作的能力。

1.肌力训练的原则

（1）抗阻原则。训练中施加阻力是增强肌力的重要因素，在肌力训练中应采取高强度、大负荷抗阻原则。但是，在康复训练中宜采取适宜负荷。

（2）超量恢复原则。在适宜的刺激负荷下，肌肉糖原消耗量伴随刺激强度增大而增加；在恢复期的一个阶段中，会出现被消耗的物质超过原来数量的恢复阶段，称为超量恢复。

（3）疲劳适度原则。在肌力训练时，要引起特定肌群的适度疲劳，但又要避免过度训练，肌肉要训练掌握适宜的训练频度，每天1次或隔天1次。

（4）反复训练原则。为了达到增强和巩固肌力水平的目的，需要进行多次的重复收缩训练，而非单次收缩。肌肉收缩的方式根据训练方法不同，可采取离心性、向心性、等长或等张性收缩等方式。

（5）适量原则。肌肉收缩强度相当于最大收缩强度40%时，运动单位募集率较低，主要募集Ⅰ型肌纤维，可增强肌耐力；收缩强度大于最大收缩强度的

70%时，募集率增高，Ⅱa型、Ib型肌纤维也依次参与收缩，对增强肌力有效。故应根据需要选择不同收缩强度进行。

2.肌力训练的方法

研究表明，多样化的运动方式更有利于肌力的提升。向心性肌力训练加上离心性训练时，肌肉力量增长速度快，如果再配合等长肌肉训练，提高肌力的效果更佳。多关节运动肌力训练可以使整体肌力得到更大程度的提高。

（1）等长收缩训练。指肌肉静态收缩不引起关节明显活动。在等长收缩时，原则上肌肉的长度不发生改变，但其内部张力增加。训练过程中逐渐收缩和放松肌肉，防止诱发损伤。等长收缩训练中容易屏气，注意保持呼吸通畅。

徒手等长收缩训练方法：取舒适训练体位，阻力置于肢体远端，训练中避免代偿运动，逐渐增加阻力。如在训练中出现疼痛，收缩肌肉出现震颤或者代偿运动时，应及时降低阻力。每一运动重复8～10次，并适当休息，逐渐增加训练量，训练中给予适宜的口令。

（2）等张收缩训练即阻力负荷恒定，完成关节运动的训练，是最常见的训练方式。在等张收缩时，原则上肌肉的张力不变，但肌肉长度变化。如在收缩训练时肌肉长度缩短（肌肉起止点靠近），称为向心性等张收缩；如在收缩时肌肉长度变长（肌肉起止点分离），称为离心性等张收缩。

徒手等张收缩训练方法：取舒适训练体位，阻力置于肢体远端，训练中避免代偿运动。逐渐增加阻力，训练中动作平稳，以无痛范围的最大用力为佳。如在训练中出现疼痛，收缩肌肉出现震颤或者代偿运动时，应及时改变施加阻力的方向和降低阻力。每一运动重复8～10次，并适当休息，逐渐增加训练量，训练中给予适宜的口令。

（3）等速收缩训练。借助等速训练设备进行训练，运动时的角速度恒定，阻力随着主动用力的变化而变化，在关节运动的各个角度都可以给予足够的阻力。该训练可以在防止肌肉损伤的同时得到较好的训练效果，数据可以给训练提供客观的对比依据。

（4）开链与闭链训练。关节运动链是指人体将不同部位通过关节连接而组成的一个复合运动链。关节运动链的运动模式分为闭链运动和开链运动。

3.肌耐力训练的原则

（1）持续原则。一般采用中等强度的负荷强度，多次重复训练，直至达到极限停止，重复组数不宜过多，尽量避免用多组数弥补单组的少次数训练，尽量单次训练到自己承受的极限。

（2）循环原则。可以将人体不同的肌肉群分开训练，完成一次规定训练后短时间休息，再进行下一组训练，这样循环训练可以使不同的肌肉群的耐力得到均衡的发展。

（3）间歇原则。组间间歇时间可以是30～90 s甚至更多，并且在完成几组训练后，需达到疲劳积累的目的，在尚未完全恢复时进行下一组训练。

4.肌耐力训练的方法

与肌力训练基本相同，可采用等张练习、等长练习和等速练习等方法，只是运动负荷较低，运动时间较长。耐力训练尽量以受伤人员所从事的专项内容安排为主。训练时注意循序渐进，训练后密切注意个体反应。

（1）等长收缩训练。20%～30%的最大肌肉收缩力量，做逐渐延长的等长收缩训练，至出现肌肉疲劳，每日1次，每周3～5次。

（2）等张收缩训练。利用弹力带、沙袋等适宜的训练装置，以50%的10RM负荷为训练量，每组10～20次，重复3组，每组间隔30～90 s，每日1次，每周3～5次。

5.肌力及肌耐力训练的注意事项

（1）急性软组织损伤、关节不稳、骨折未愈合、急性感染、高热、出血倾向、关节肿瘤及全身情况差不能耐受等情况禁止训练。

（2）训练中避免屏气，注意心血管反应，尤其是离心性收缩时。

（3）在无痛范围进行训练。

（4）训练中防止出现不必要的代偿动作。

（5）最大负荷训练时，应先进行低、中负荷的运动；全角度范围运动时，要先进行小角度运动。

二、平衡能力训练

身体平衡通常是指在静态或动态中，身体保持直立姿势的状态，是身体的质心或重心维持在支撑平面的状态。无论是速度力量性运动、耐力性运动、技能性运动、表现性运动还是对抗性运动，平衡是最基本的能力。

1.平衡训练的原则

（1）难度递增原则。静态平衡到动态平衡，从难度低的静态平衡训练逐渐向动态平衡训练过度，支撑面由大到小、由硬到软，逐步提升难度；训练时身体重心由低逐渐向高过度；睁眼到闭眼逐渐增加难度；先单一任务训练，逐渐过渡到复杂环境任务。

（2）安全性原则。训练时要注意安全，避免发生跌倒等不良事件。

（3）适用性原则。根据运动员的自身情况、训练目的选择适合的训练难度，不是都要进行最高难度的训练。

2.平衡训练的方法

平衡训练主要是通过制造各种身体的"不平衡"状态，来训练伤者的平衡能力，训练视觉、听觉、本体感觉、前庭觉、触觉等感觉器官感知自身运动及环境的能力，协调身体各部分维持平衡的能力。

在充分保证安全的前提下，治疗师帮助伤者进行坐位、站立等姿势的平衡训练。可以通过支持面的大小、支持面稳固程度来增减坐位平衡的难度。支持面积越大，保持平衡就越容易；支持面的稳固程度也能影响伤者的平衡控制，支持面越稳固，维持平衡越容易，而在很柔软易变形的支持面上，对伤者的姿势控制能力的要求就越高。在训练中注意伤者的姿势，尽量避免不必要的代偿。

（1）坐位平衡训练。伤者端坐于床边，双手撑于身体两侧，治疗师双手支持伤者肩部进行保护和辅助，早期可以利用姿势镜给伤者视觉反馈进行姿势的修正，逐渐过渡到伤者自主维持平衡，并在端坐位下进行身体前方、侧方、上方、下方的物品够取、抛接球等任务训练，最后能在不稳定支撑面上进行坐位平衡训练。

（2）立位平衡训练。伤者站立于地面，可在平衡杆内训练，治疗师在伤者身边给予必要的保护和辅助，可以进行左右、前后平衡的训练，让伤者的重心在双腿之间变换、交替。功能增强后，可以逐渐进阶到单腿站立的训练，并进行抛接球等任务训练，可利用泡沫垫、晃板等工具增加任务的难度。

3.平衡训练注意事项

（1）要保证训练环境的安全性，需要对训练场所进行安全性评估，并进行必要的改造。

（2）赤足训练有助于足底触觉的反馈，尽量避免穿厚底鞋进行训练。

（3）运动量要适中，功能差的伤者的平衡训练，尽量避免闭眼进行。

（4）注意多鼓励伤者，增强伤者的信心。

三、关节活动度训练

关节活动度（ROM）指关节运动时所通过的运动弧或转动的角度。关节活动度训练是依靠自身肌肉收缩或者外力以各种形式移动关节的运动。关节活动范围内的运动有关节活动范围和肌肉活动范围，关节活动范围可以通过量角器测量，肌肉活动范围则与肌肉的功能性活动度有关。

定期进行关节活动范围内的活动，是维持正常关节活动度的必要条件。关节活动范围训练可以减少组织的弹性退变和阻止挛缩形成。

关节活动度训练的原则和程序如下。

（1）逐步、反复的原则。反复、多次、持续较久的牵伸，才能产生较多的塑性延长。关节活动度训练须采用反复多次或持续一定时间的牵伸方式。

（2）安全原则。训练应在伤者舒适体位下进行，肢体应处于放松状态；训练应在无痛或轻微疼痛、伤者能耐受的范围内进行，避免使用暴力、出现明显疼痛，以免发生组织损伤。

（3）依次原则。数个关节都需要训练时，应依次按从远端到近端的顺序进行逐个关节或数个关节一起的训练。

（4）综合治疗原则。训练前利用中药熏洗或者热疗增加组织塑形性，训练后利用冰疗减少组织渗出，可增加疗效。

四、核心训练

核心区域是腰椎、骨盆、臀部以及周围的骨、肌肉、韧带所构成的区域。

Panjabi（1985年）指出，核心稳定性是指人体在进行功能性运动时，维持腰椎、骨盆髋部复合体稳定性的能力，由被动系统（脊柱、韧带、椎间盘等）、活动系统（肌肉）、神经控制系统三者构成。

1.核心肌群

核心肌群分为深层核心肌群和表层核心肌群，深层核心肌群主要负责姿势的稳定，表层核心肌群主要负责产生躯干动作。

（1）深层核心肌群。主要由腹横肌、多裂肌膈肌、盆底肌等组成。腹横肌、多裂肌是深层核心肌群的关键肌。有研究表明，腹横肌是四肢运动时维持脊柱稳定性的关键肌肉，而多裂肌的伸展力对于腰椎的稳定性至关重要，可以减轻椎间盘的压力，使身体重量均匀地分布在整个脊柱。

（2）浅层核心肌群。主要有背阔肌、竖脊肌、髂腰肌、腘绳肌、腹直肌、腹外斜肌、臀大肌、髋内收肌等肌肉。这部分肌肉主要控制人体核心区域的动作。

2.核心功能训练方法

（1）深层核心肌群的激活。脊柱的稳定是外层核心肌群产生有力动作的基础，深层核心肌群以慢肌纤维（红肌纤维）为主，不容易被训练，可以通过腹压变化、振动等手段激活。

1）骨盆前后倾训练。可以在仰卧位、坐位、站立位下完成。伤者可在治疗师指导下进行运动，治疗师双手后握住伤者两侧髂前上棘处，通过手法带动诱导伤者进行骨盆前后倾的运动，让伤者体会骨盆运动的感觉，然后跟着治疗师的节奏一起参与，最后由伤者主动完成。

2）离心性激活训练。伤者长坐位，治疗师直跪在伤者背后，伤者背部及头部紧贴治疗师的大腿与胸壁，治疗师缓慢地将身体重心向后倾斜，臀部向足跟靠拢，伤者紧靠治疗师的身体，从长坐位向半卧位移动。这时伤者虽然是靠着治疗师后仰的，但其腹部肌群受重力的影响做的是离心性收缩。这种离心性收缩方式可以较快地激活腹部深层肌群，改善姿势。

（2）浅层核心肌群的激活。浅层核心肌群按照筋膜链走向，包括后纵链、侧链、前斜链、后斜链。在深层核心肌群的姿势稳定下，浅层核心肌群可以产生高效的功能性动作。

1）推拉训练。弹力带固定于墙上（或以另一人为固定点），稍高于肩。伤者背对墙，肩水平外展、屈肘，左手抓握弹力带另一头，向前用力拉弹力带，带动躯干向左旋转，可有效锻炼前斜链上的肌肉；伤者面对墙，肩水平外展，屈肘，右手抓握弹力带另一头，向后用力拉弹力带，带动躯干向右旋转，可有效锻炼后斜链上的肌肉。

2）旋转训练。弹力带固定于墙上，稍高于肩，伤者右侧对墙，肩水平外展，微屈肘，右手抓握弹力带另一头，依靠躯干的力量将身体转向左侧，锻炼斜链肌群。

3）背滑墙训练。背靠墙，背与墙之间放置治疗球，伤者双腿与肩同宽，从直立位缓慢下蹲，到屈膝90°，保持足尖向前，髌骨不超越足尖，锻炼后纵链肌群。

浅层核心肌群训练的方法还有很多，还可以借助软垫、双腿支撑变单腿支撑、增加阻力负荷等方式设计进阶训练方法。

第三节 不同部位军事训练伤运动康复

一、肩关节损伤的运动疗法

肩关节主要包括肩袖肌群和肩胛肌群（上斜方肌、中斜方肌、下斜方肌和前锯肌）的力量和肩胛骨稳定性训练。加强三角肌和冈上肌的激活训练，增强肩关节的前方稳定性。加强肱二头肌力量和耐力训练有助于维持其前方的稳定性作用。加强前锯肌和背阔肌肌力训练，可以改善肩关节前屈、外展的运动功能。肩关节前方不稳定的复发与肩关节内、外旋肌群之间的失衡有关，通过训练盂肱关节周围肌群平衡及协调性，可以降低复发性肩关节脱位的再复发风险。

二、肘关节损伤的运动疗法

一般关节活动训练可在术后7～10周开始，除非有特殊情况禁止。治疗过程中需要使用角度可调式支具或者在肘关节下方提供支撑，以保证训练的安全性。仰卧位状态下，可进行肘关节屈曲全范围的助动运动，但伸展运动不能超过30°，训练每天都要坚持进行。早期前臂旋转训练需要在肘关节屈曲90°的情况下进行，被动牵伸、过度的旋转训练和肩关节外展在6周内是禁止的。训练中若出现任何手指放电感或麻木，应立即停止训练，对肘关节周围软组织进行放松，防止神经卡压。

三、腕关节损伤的运动疗法

去除支具3～4周后，可开始手、腕部肌力训练。

（1）屈腕抗阻训练：坐位，前臂置于桌面，手心向上，手中握一重物作为负荷，如哑铃等，腕屈曲到最大范围坚持5 s，再缓慢放下为一次。10次/组，组间休息30 s，2～4组连续练习，1～2次/日。

（2）伸腕抗阻训练：坐位，前臂置于桌面，手心向下，手中握一重物作为负荷，如哑铃等，腕背伸到最大范围坚持5 s，再缓慢放下为1次。10次/组，组间休息30 s，2～4组连续练习，1～2次/日。

（3）桡偏腕抗阻训练：坐位，前臂置于桌面，腕关节伸直，拇指在上，手中握一重物作为负荷，如哑铃等，向桡侧偏到最大范围坚持5 s，再缓慢放下为1次。10次/组，组间休息30 s，2～4组连续练习，1～2次/日。

（4）尺偏腕抗阻训练：体位同上，手握重物向尺侧偏到最大范围坚持5 s，再缓慢放下。10次/组，组间休息30 s，2～4组连续练习，1～2次/日。

（5）拧毛巾练习：双手握住毛巾同时向相反方向转动手到最大范围，双手再互换方向到最大范围为1次。此练习加强腕关节旋转，提高腕关节灵活性。

（6）拧瓶盖练习：患侧环状抓瓶盖，向顺时针方向转动到极限后再向逆时针方向转动为1次。此练习加强关节旋转，提高腕关节灵活性。

四、髋关节损伤的运动疗法

1.弹响髋

（1）对于关节外因素引起的髋关节弹响，物理治疗常取得良好的治疗效果。通过主动和被动牵伸、肌肉放松等手段干预肌肉的短缩。

髂胫束侧倾斜拉伸训练：手侧面扶墙，双腿交叉，患腿从后方向侧向伸展，重心向下，牵伸髂胫束。

泡沫轴放松：利用泡沫轴进行大腿外侧软组织的放松。

（2）术后康复：术后前2周建议拄拐步行，术后6周避免关节过度屈曲，要注重对股四头肌、腘绳肌、臀肌、髂胫束的牵伸训练。

2.髋关节脱位

髋关节脱位复位后，在24 h内需要持续关注神经血管功能评估，同时给予24～48 h的适度牵引，早期即可开始进行适度的关节活动度训练。根据脱位类型不同，早期负重要求有所差异。

第Ⅰ阶段（第1～2周）：鼓励伤者主动运动，确保健康肢体正常活动功能。给予患肢牵引的同时，引导伤者双上肢、健侧下肢做主动活动和肌力训练，尽量多活动健康肢体。患侧下肢需要做等长收缩训练，收缩时间维持10～15 s，放松5 s，共做15次，每日3次。早期卧床时，可做健侧单桥式运动训练，健侧下肢支撑，臀部抬离15°～30°。仰卧起坐训练躯干肌力，上身抬离床面30°左右。10个1组，每日3次。

（1）术后第1天开始进行肺部深呼吸和咳嗽训练。每次3～5 min，2～3次/日；足趾伸、屈及踝关节跖屈、背屈运动（踝泵运动），特别强调踝的主动背屈运动。

（2）术后第2天，重复第1天内容。踝泵运动训练，可用关节康复机器做关节的被动功能训练，从30°开始逐渐增加到90°，2次/日，每次1 h腘绳肌、臀大肌伸髋、伸膝位等长收缩，重复10～20遍/次，2次/日。进行上肢扩胸运动，保持体能等。扶助行器下地，0负重站立。

（3）术后第3～5天，继续第2天动作。①仰卧位主动屈伸膝、踝：10次/组，5组/日。注意屈髋<90°。平卧位桥式运动，最大位置时保持5～10 s，放松5 s。髋外展位髋内收肌及外展肌的等长收缩，保持10 s，放松5 s，以上动作重复10～20次/组，2～3组/日。②坐位水平移动：先患肢外展，再手及健足支撑移动臀部向患侧移动，向健侧移动时相反。治疗师注意协助伤者保持患肢外展位屈髋<90°。重复5～10次/组，2～3组/日。

（4）术后第6～7天：髋部肌等长收缩，外展训练，由被动到助力再到完全主动。注意不可髋内旋，末端保持10 s。站立位屈髋、屈膝训练，注意身体直立，屈髋<90°，不可内旋。髋后伸训练，身体直立，末端保持5～10 s。扶助行器下地，开始足前部踏地负重（25%）站立。

（5）术后第2周进行踝泵训练，控制疼痛与肿胀。在无痛范围增加髋、膝、踝关节活动度训练，屈髋<90°。使用助行器步行训练，扶助行器下地，开始足前部踏地负重（25%）站立。

第Ⅱ阶段（第3～8周）：

（1）开始扶助行器下地，足前半部踏地负重（25%～50%）短距离行走。扶拐不负重上下阶梯。主动活动为主，逐渐增加关节活动范围。增加髋外展肌、股四头肌等长收缩。

（2）术后第4周进行髋关节、膝关节AROM训练，下肢肌力训练和本体感觉训练，坐位髋内收内旋和外展外旋。术后第6周进行渐进抗阻运动（双小腿下垂坐姿训练），以及监督下平衡及本体感觉训练，闭眼站立稳定性训练。

第Ⅲ阶段（第8～12周）：

术后12周后，逐渐达到下肢完全负重，加下肢内收、外展的主动运动，股四头肌抗阻力训练，恢复膝关节伸屈活动的训练。增加微下蹲站起训练、本体感觉和神经肌肉控制能力训练、功率自行车训练。

五、膝关节损伤的运动疗法

1.髌骨软化症

在不引起疼痛的情况下，开始股四头肌的直腿抬高训练和股内侧肌的训练，髋内收、外展、屈和伸的训练。逐渐增加股四头肌、腘绳肌、髂胫束、腓肠肌和比目鱼肌的肌力、柔性训练，侧踏踏板、卧位股四头肌蹬踏闭合链运动训练。开始进一步的髋伸肌、屈肌、内收肌和外展肌的等长训练，并根据耐受情况，增加训练时的负荷，每次进行3～10组，负荷增加到1～2 kg。其他训练方法：滑板训练（平卧位，足沿墙面下滑）、膝关节屈伸训练、行走负荷训练、高座位的自行车、攀登扶梯（小步快爬）等。

2.半月板损伤

伤者在可以耐受的情况下可尽早下地活动，根据不同的手术方法采用不同的负重及训练计划，对半月板缝合或非手术治疗患者，康复重点是控制阶段负重量，患肢应避免负重>8周。

术后第0～4周：支具锁定。半月板缝合术后第2天扶拐下地行走训练，进行滑墙主动关节活动度屈曲训练，踝泵术后每小时15次，防止深静脉血栓。开始直腿抬高、股四头肌和腘绳肌收缩训练、髋关节内收和外展训练、足踝关节主动训练，早期进行本体感觉训练。

术后第4～8周：6周后再逐渐增加站立负荷。可以进行PRE（进阶性阻力运动）力量训练、柔韧性训练、侧方上阶梯，不要负荷下蹲，可以增加水中步行机行走、高坐位功率车训练。术后中期应加强本体感觉训练及运动控制训练、协调性训练，使用平衡板、水下速跑、退跑等训练方法进行。

术后第8～12周：控制膝关节屈曲<90°，进行无负重无痛全范围关节活动，加强肌力、本体感觉训练。

六、踝关节损伤的运动疗法

1.手术治疗后的运动疗法

术后第0～2周：康复目标是消除肿胀、缓解疼痛，预防术后并发症。麻醉消退后即可开始足趾活动训练3～5 min/h。第2天即可无负重扶拐下地活动。冷敷，抬高肢体，下肢肌肉静力性收缩。依据骨折部位固定稳定情况开始缓慢踝背屈跖屈，尽量维持关节活动度范围。第1～3周保持无负重，开始弹力带抗阻训练。早期本体感觉训练仪上训练，没条件可以使用平衡软踏，踝部同时增加旋内、旋外、踝关节环转抗阻。第3周开始增加主动踝关节活动度角度。

术后第2～4周：康复目标是恢复关节活动度、肌力和重建神经肌肉控制能力。继续控制肿胀，可使用弹性绷带适度加压包扎，淋巴水肿手法治疗。逐步开始受伤部位邻近关节如趾关节的主动关节活动度训练，开始下肢等长肌力训练。第4周增加踝关节力量训练，坐位提踵，内外翻抗阻训练。

术后第4～8周：康复目标是消除肿胀，增加关节活动度、肌力、肌肉运动协调性。患侧关节活动度训练，开始渐进性地负重，增加扶拐行走的下肢负重。依据X片骨端愈合情况确定负重量。第6周逐渐开始动态模式训练踝关节本体感觉，由静态至动态、睁眼至闭眼。平衡垫或者蹦床上接传球，由塑料泡沫密度较高的软垫、逐渐使用增加难度的中空软垫。第6～7周开始由坐位逐渐过渡至站立提踵，由双腿过渡为患侧单独支撑，由平地提踵过渡为平衡垫上，由全足掌过渡为前半足支撑。

术后第8～12周：康复目标是去除支具。负荷增加至50%～75%体重，基本恢复全范围关节活动度。进行日常生活独立性训练和适应职业活动需求的训练。具体内容：加强患肢关节活动度训练，如存在残存肿胀，可给予淋巴按摩手法治疗。加强肌力训练，可逐渐增加阻抗。同时配合本体感觉、平衡能力和步态训练。若患者踝关节达到70%的健侧正常活动范围，就可开始步态、跑步或上下楼梯训练。进行神经肌肉控制训练，使站立相和摆动相的周期恢复正常，足跟部相关关节活动自如。起初以患者能接受为宜，逐渐加大训练强度。第8周开始进行水中减重跑台步行训练，初始负荷减至患者50%体重。14周后进行专项运动，如跑跳、柔韧性、灵活性训练。15周后增加踝关节下蹲角度。

2.非手术治疗的运动疗法

专用关节支具固定以防骨折复位后再移位，消除患肢肿胀和疼痛。根据患者骨折部位稳定性和是否累及负重关节面，决定去除支具和开始部分负重到完全负重的时间，通常这个过程需6～12周。

七、腰肌劳损的运动疗法

运动疗法对巩固疗效、预防复发及增强体质有重要作用，强调对习惯性动作和姿势的对抗性训练及加强腰背肌锻炼。腰背肌肌力越强大，它所能承受的力量越大，能承受力量的时间也越长，发生劳损的机会也越少。同时，腰背肌的锻炼也改善了血液循环，加速代谢产物的清除，促进损伤肌肉的恢复。腰背肌锻炼的方式较多，以飞燕点水式为佳。

第十一章

军事训练伤防治教育

军事训练伤预防的最佳方法之一就是预防教育。通过安全教育干预，可以提高受训者军事训练适应性，减少军事训练伤的发生率，从而保证参训率及训练任务的顺利完成。研究表明，在军事训练伤发生原因中，缺乏训练伤预防知识所占比例较高。特别是入伍第一年的新兵，缺乏训练伤预防知识，是军事训练伤的高发人群。因此，要加强对新兵的军事训练伤防护教育，提高其自我保健、自我防护意识，使之能够掌握训练科目动作要领，遵守安全防护规则，从而减少军事训练伤的发生，提高部队训练水平。

第一节　军事训练伤防治教育的主要内容

一、运动解剖学

运动解剖学是人体解剖学的一个分支，它是在人体解剖学基础上研究运动对人体形态结构产生的影响和发展规律，并探索人体结构与运动技术动作关系的一门新兴科学。其内容包括人体的基本构成、运动系统、内脏、脉管系统、感觉器官、内分泌系统等。通过学习，了解了运动对人体形态结构的影响及其规律，才能运用运动解剖学基本理论和基本知识解决体育运动中的实际问题，避免运动带来的潜在伤害。

二、运动生理学

运动生理学是体育科学基础学科之一，是人体生理学的一个分支。该学科研究人体在体育活动和运动训练影响下结构和机能的变化，研究人体在运动过程中机能变化的规律，以及形成和发展运动技能的生理学规律，探讨人体运动能力发展和完善的生理学机理，论证并确立各种科学的训练制度和训练方法。运动生理学以正常人体为研究对象，研究人体对运动的反应和适应。它的任务是在正确认识人体机能活动基本规律的基础上，进一步探讨运动对人体机能发展变化的影响；阐明教学和运动训练过程的生理学原理；掌握不同年龄、性别，不同运动项目和不同训练水平运动员的生理特点，从而科学地组织教学，指导体育锻炼和运动训练，更好地为实践服务。

三、运动训练学

运动训练学是研究运动训练活动，以及有效组织运动训练活动行为的科学，其中运动训练基本原则、运动员竞技能力及其训练、运动训练计划的制订与实施内容对军事训练具有很强的指导性。运动训练学理论体系可以从横向和纵向两个维度进行不同的构架。从横向来看，运动训练学的理论体系主要包括运动训练的原则、运动训练的内容、运动训练的方法、运动训练的安排、运动训练的负荷5个方面。从纵向来看，包括一般训练学、项群训练学和专项训练学这样3个层次。适用所有的运动项目的运动训练学的理论，称作"一般训练学"；适用于部分运动项目的运动训练学理论，称作"项群训练学"；而适用一个运动专项的运动训练学理论，则被叫作"专项训练学"。

四、体育保健学

体育保健学是研究人体在体育运动过程中的保健规律的一门学科，主要内容包括体育卫生、医务监督、运动性疾病、运动创伤防治以及体育康复等。其主要任务是运用相关的运动人体科学的基础理论及相关临床医学的基本知识和技能，研究体育运动参加者的身体发育、健康状况和运动机能水平，为科学合理地安排体育教学、运动训练与竞赛提供科学依据，并给予医务监督和保健指导；研究影响体育运动参加者身心健康的各种外界环境因素并制定相应的体育卫生措施；研究常见运动性伤病的发生、发展规律及其防治措施；研究伤病后的体育康复手段及方法，促进体育运动参加者的身心健康和运动能力的提高。

五、运动医学

运动医学是一门将医学与体育运动相结合的综合性应用科学。研究与体育运动有关的医学问题，运用医学的知识和技术对体育运动参加者进行医学监督和指导，从而达到防治伤病、保障运动者的健康、增强体质和提高运动成绩的目的。内容主要包括：①运动医务监督。研究运动者的健康状况、运动能力及其影响因素，研究和解决运动性疾病的防治、疲劳的消除、运动与环境、运动员选材、运动员自我监督和体育运动竞赛的兴奋剂等问题。②运动损伤恢复。研究运动损伤的发生规律、机理、防治措施和伤后的康复训练等问题。③运动营养学。研究合理利用食物以满足人体需要，提高运动能力。④医疗体育。研究运用各种体育手段防治伤病，特别是常见病的体育疗法。

第二节　军事训练伤防治教育的有效途径

如何有效落实运动损伤防治措施？在军队院校教学中，将运动损伤纳入军事训练基本课程、开展专题教育、利用多媒体技术等途径落实防治措施具有显著效果。实现多途径的落实防治措施，形成常态化的防治教育，常抓常新、常学常用。开展多途径的防治教育，使学员能够学以致用，在接受训练过程中发挥自我能动性，同时在今后担负训练任务时也可以对基层士兵进行更科学有效的防治教育，加大对军事基础训练运动损伤防治教育的普及程度，切实减少和避免损伤发生。

一、 融入军事基础课程，凸显课程教育主体地位

对于运动损伤的防治教育，首先要发挥课堂教育的主体地位。在课程设置上，将运动损伤防治纳入军事训练基本课程，即适当将肌肉、骨骼、韧带等运动损伤知识融入理论课程中，使学员深入了解各项运动最可能出现的损伤部位及原因，掌握运动损伤防治知识。通过理论课对所有学员做好运动损伤防治教育，帮助学员提高防护、保护意识，有效预防运动损伤出现。另外，在每堂课前都要进行充分的热身活动，提高学员神经肌肉系统的兴奋性，根据上课训练项目特点提醒学员在哪些方面注意训练安全、预防运动损伤，强化训练安全意识，对容易发生训练损伤的动作进行反复强调，做好训练保护。

二、开展多学科专题教育，及时掌握前沿研究成果

运动损伤是阻碍运动成绩提高的重要因素，学员一旦发生运动损伤，身体、心理都会受到不同程度的影响。作为教员，有责任与义务提醒、监督学员加强基础理论知识的掌握。一方面，学员要规范锻炼和作息时间，形成合理的生活习惯。另一方面，教员、队医要加强宣传，制作并张贴宣传标语，定期邀请医学、解剖学、生物力学等相关专家进行运动损伤防治教育专题讲座，讲授相关学科理论知识，让学员懂得如何应对紧急突发情况、如何在训练中保护自己，在安全情况下完成技能训练，最大限度地避免出现运动损伤。专题教育的最大优势是针对主要问题进行深入讲解，可及时传授相关学科前沿研究成果，使学员及时更新训练方法和防治知识，确保训练高效开展。

三、利用多媒体技术，全面实现常态化教育

在军事基础训练运动损伤防治教育过程中，多媒体技术的有效使用可以达到事半功倍的效果，可实现时间碎片化利用、知识拆分式学习，且不受场地限制。利用广播、自媒体、板报等宣传载体，或以第二课堂的形式，做好运动损伤防治的宣传教育，使运动损伤防治教育形成常态化。利用"互联网+运动损

伤"服务平台，推进军事训练运动损伤防治教育活动的线上教育，利用新媒体手段有效提高教员运动损伤防治理论水平，依托教员、校医、服务软件，进一步促进健康教育的有序开展。通过"互联网+运动损伤"服务软件，学员形成一个个小型的活动组织或兴趣小组，可开展日常化的练习、训练、模拟运动等活动。通过这种分散、小型、灵活的组织活动，可将理论与实践相结合，更有利于学员的充分学习，且节省时间。

参考文献

[1] 唐佩福. 军事训练伤防治手册[M]. 北京：金盾出版社，2019.

[2] 高特林. 运动损伤的预防、治疗与恢复[M]. 高旦潇，译. 北京：人民邮电出版社，2017.

[3] 卡特赖特，皮特尼. 运动防护指南[M]. 郑尉，译. 北京：人民邮电出版社，2019.

[4] 国际运动医学研究所. 体能训练基础理论[M]. 曲岩松，译. 北京：人民邮电出版社，2020.

[5] 克诺夫. 泡沫轴训练指南[M]. 李汶璟，译. 北京：人民邮电出版社，2019.

[6] 黎鹰. 运动损伤与预防[M]. 杭州：浙江大学出版社，2019.

[7] 周志雄，邓运龙，黄宝宏，等. 特种兵身体运动功能训练[M]. 北京：科学出版社，2020.